丸亀製麺

『丸亀製麺』で学んだ

超実直!!

史上最高の自分のつくりかた

小野正誉
Masatomo Ono

うどんを打つ

【生地をつくる】

粉をまとめる

用意するもの（2人分）

中力粉 200g　塩（海水塩） 10g　水 88g

① 水に塩を入れしっかり溶かす。

② 粉をざるに入れてふるい、かたまりを指でつぶす。

③ 粉に①の塩水を3回に分けながらくわえ、粉に水分をいきわたらせるようにゆっくり混ぜる。

④ ボウルで生地を軽くまとめる。

ねかせる

⑤保存袋（大きめ）に入れ、
空気を抜き室温に1時間
ほどおく。

鍛える

⑥保存袋の上から足で
生地をふむ。均等に
力をかけ、丸くのばし鍛える。

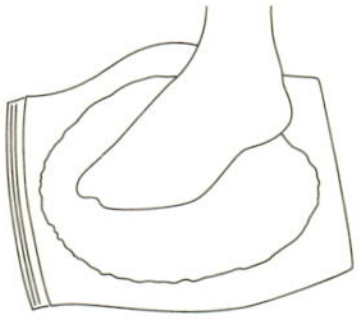

ねかせる

⑦しっとり感が出てきたら
生地をたたむ。

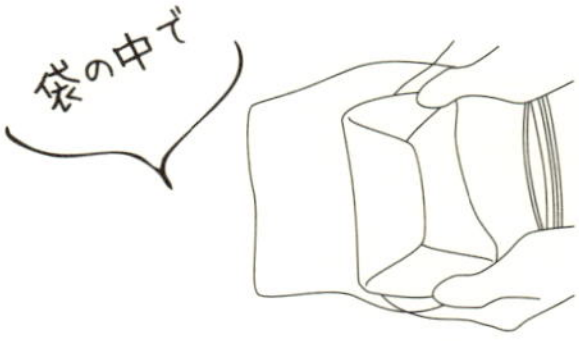

⑧裏返して丸くのばし
15分ほどおく。

手づくり・できたて　讃岐うどんのつくりかた

●鍛え直す

⑨ ⑥〜⑦の作業を
もう一度おこなう。

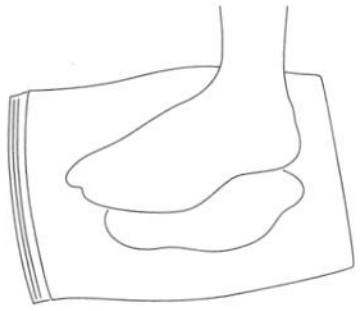

●丸めてまとめる

⑩ ⑧の作業を
再度おこなう。

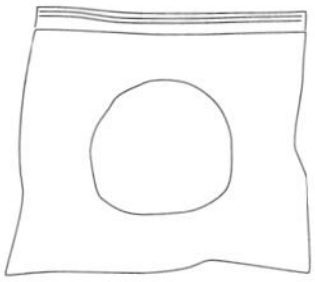

⑪ 台に出し、手のひら全体で
中心に寄せて裏返す。

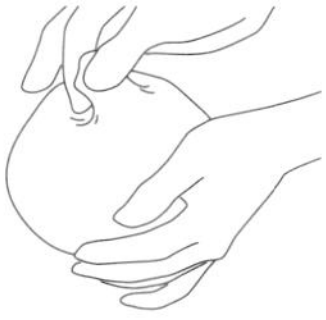

⑫ 手のひらで押し平たくまとめ、
ラップをかけ保存袋に
入れる。5〜10分おく。

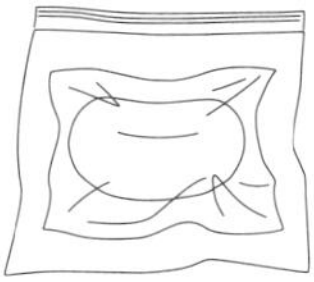

【成形する】

生地をのばす

① 片栗粉適量を生地にふり、まんなか、上、下の順にめん棒でおさえる。

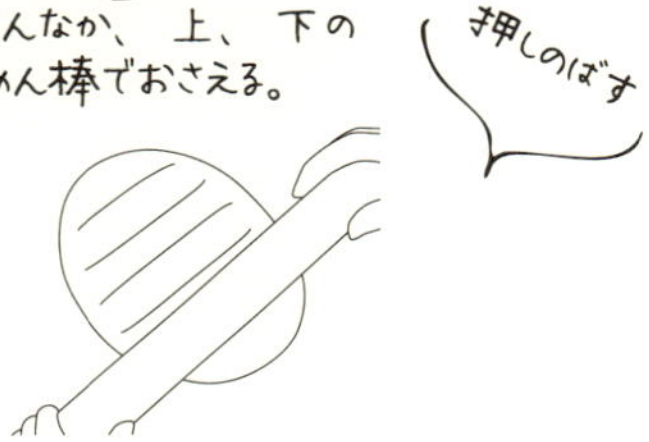

② 90度まわし、凸凹部分をならすためにめん棒で軽くおす。

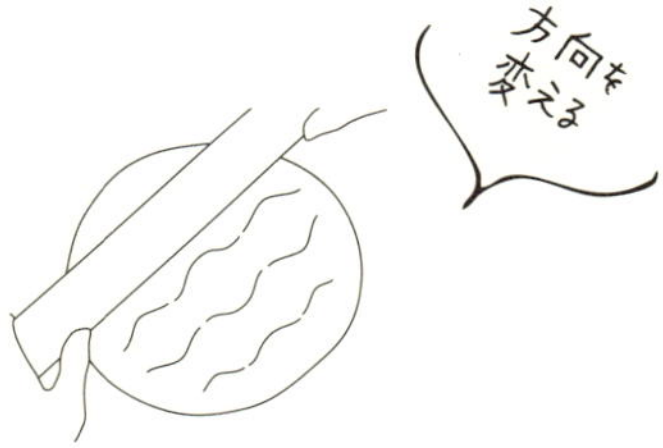

③ 少しずつ力を入れ厚みを均等にのばす。

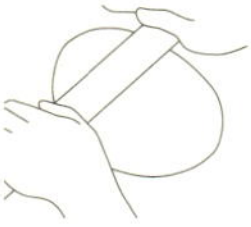

④ 上下の向きを逆にし、③の作業を繰り返し、90度回転させる。

手づくり・できたて　讃岐うどんのつくりかた

⑤ 生地をめん棒に巻き、
手前に引く。

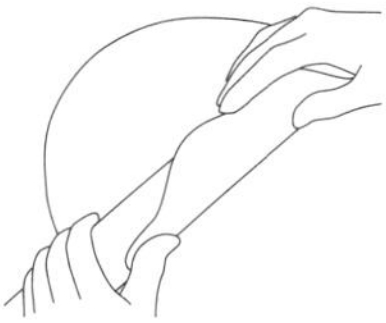

⑥ そのまま奥に転がす。

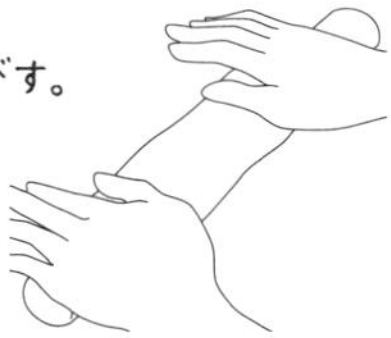

⑦ 薄く伸ばして
上下逆にする。

⑧ ⑤～⑥の作業を
繰り返す。

⑨ 20cm四方ぐらいの長方形になるまで、形を整えながらのばす。均等な厚みになるように（真ん中が厚くなりがち）。

切る

① 片栗粉適量を
表面にふる。

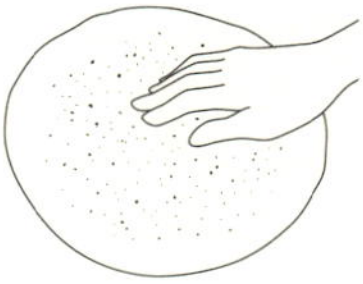

② 下が広めの三つ折りにする。
生地が重なる内側にも
片栗粉適量をふる。

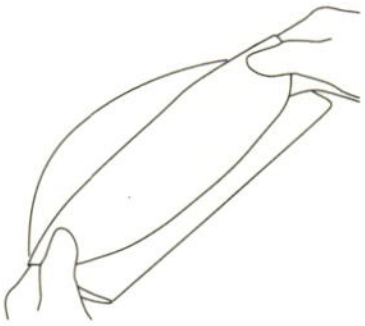

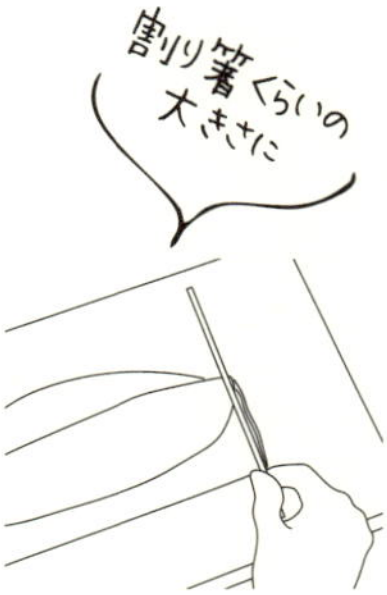

③ 片栗粉をまな板にも
少しふる。切る幅割り
箸1本分、約5mm
幅を目安に。

←

手づくり・できたて　讃岐うどんのつくりかた

④端から包丁で切る（上から押すように）。

⑤半分切り生地を起こして麺をほぐす。つながっているところがないか確かめる。

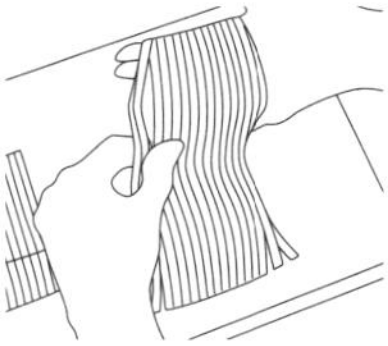

⑥１人分ができたら、多めに片栗粉をふりくっつかないようにする。余分な粉は落としておく。

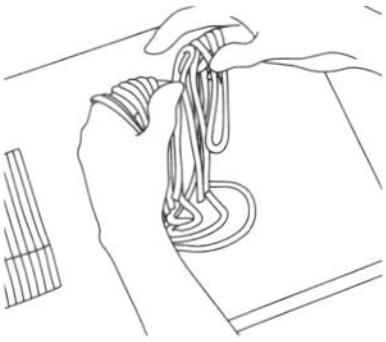

うどんをゆでる

① 余分な粉を落とす。麺をほぐして、１人分ずつゆでる。

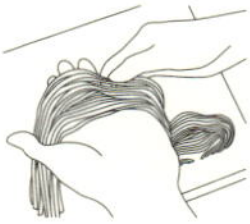

② 大きな鍋にたっぷりの湯（水の量は麺の10倍）を強火で沸かす。沸騰したら麺を入れる。

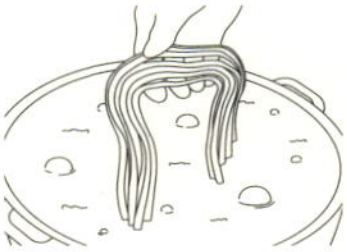

③ 麺を踊らせるように３分ゆでる（吹きこぼれそうになったら弱火に）。

④ 麺がかたくなってきたら強めの中火にする。ときどきほぐし、12〜15分ゆでる（麺が透明になるまで）。

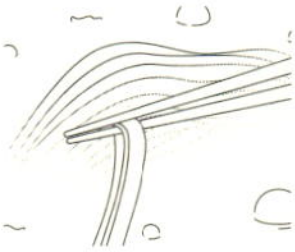

⑤ 大きめのボウルにたっぷりと水を張る。ゆで上がった麺を入れ表面の余分なぬめりを洗う。

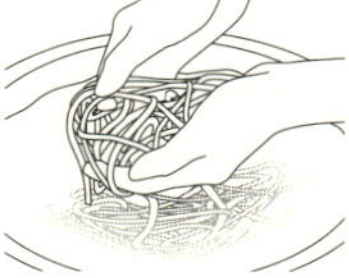

⑥ 粗熱が取れたらざるにあげる。再度水にさらしてしめる。水けをしっかりきる。

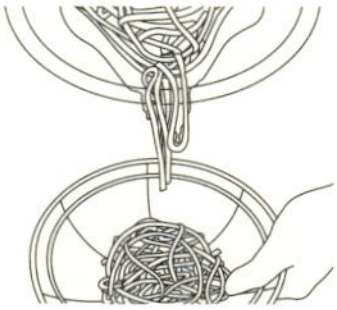

完成

目次

第2章　目標はこうしてみつけろ！

第3章　優先順位をみつければ、目標は実現できる！

第2編　社会のなかで自分をゆでる

第4章　相手の世界を理解すれば「価値」は生き残る

第5章　世界の見方が他者との関係を決定する

第6章　新しい価値と熱気の生み出し方

はじめに
――魔法はない、だから手間をかける――

みなさん、ディズニーランド、シーに入場するときゲートで、ある音が鳴っているのをご存知ですか？

パスポートのＱＲコードをかざすとき、心地のよい「シャララ～ン」というような音が鳴ります。

これは、ティンカーベルがゲストに魔法の粉をかけている音なのだそうです。「ここからは、あなたは夢の国の住人です。どうぞ存分に楽しんでください」と歓迎されているんですね。

そして、ゲートを出るときはどうかというと音は鳴らないのです。

もうすでに魔法のかかった夢の国の住人ですから、またいつでも来てください。お待ちしています、というメッセージが込められているのだとか。

どこまでも洒落ていますよね。

さて、現実の世界に話をもどしましょう（笑）。
本書で題材としているのは、讃岐うどん専門店「丸亀製麺」。
今では、国内外に一〇〇〇以上の店舗を展開しているセルフうどん店です。
お店で迎えてくれるのは、割烹着を着たおっちゃん、おばちゃん。
残念ながら、夢の国のように魔法をかけてくれるわけではありません（笑）。

洒落ではありませんが、かけているのは手間と暇。

塩と水と小麦粉だけで、うどん生地をつくり、手づくり・できたてを召し上がっていただこうと日々従業員は汗を光らせがんばっています。
その取り組みは、正に「実直」そのものです。

—結局、地道が一番—

「結局、地道が一番だよね。」

そんな言葉を口にしたことはありませんか。

皆さんも
「自分らしく生きたい」

「成長したい」

「夢を実現させたい」

「変わりたい」

など、さまざまな思いをお持ちでしょう。


それを叶えるためのメソッドは世の中にあふれていますが、結局地道に、実直に取り組んだ者こそが、理想の場所にたどり着けるのではないか、と思います。

丸亀製麺での取り組みは、一つの事例かもしれません。

でもそこには、さまざまなエッセンスが詰まっていて、人生を前向きに生き、自己実現していくためのヒントがたくさん隠れています。

それらのなかで、皆さんの日常や人生に役立てられるものもあるのではと思い、今回筆を執りました。

―「実直」の先にあるもの―

本書のタイトルは、「『丸亀製麺』で学んだ　超実直！　史上最高の自分のつくりかた」ですが、その理由を説明するために少し私の昔の話をさせてください。

以前勤めていた会社が民事再生法を申請したことがあります。

急速な出店により資金が回らず、法的整理をしたのです。

そのとき、取締役をしていたので、経営陣の一人として債権者集会でも前に立ちました。

誰しも経験のできることではありません。

その日は、これまでの人生でもっとも疲れた一日でした。

日々一生懸命運営をしていたのですが、新規出店した店舗の費用がかさんだり、なかにはうまくいかない店舗があったりと、いつのまにか資金が回らなくなりました。飲食店ですので、日銭は回収しますが、それを集めてもすべてのお取引先様に支払うことができません。

食材を仕入れてくださるお取引先様、家主様、リース会社、資金を借り入れている金融機関など、債権者は多岐にわたり合計二〇〇社ほどでした。

「いつ支払ってくれるのか」
「うちもしんどい。最優先してほしい」
「ふざけるな！　いい加減にしろ！」

毎日、債権者からの電話が鳴りやみませんでした。

夜、仕事が終わり会社を出ようとしたとき、数名の債権者に囲まれ
「どうなっているのですか！　説明してください」
と詰め寄られたこともあります。

内容証明郵便もどんどん送られてきて、それが段ボール一杯になったのを記憶しています。

明日どう対応しようか、と考えると夜も眠れません。

日々の対応で、精神的にも肉体的にもボロボロの状態でしたが、そんなことは言ってられません。

迷惑をかけているのは、こちらですから、逃げるわけにもいきません。

当然のことながら、懇切丁寧に対応をしました。

民事再生法を申請してからは、日々の電話は一旦落ち着いたものの、お取引先様からは、

「回収できていないお金は返ってくるのか」

「どういう手続きをすればいいのか」

というものに変わっていきました。

そんななか、たびたび連絡をしてくださるお取引先様がいました。

食材を仕入れていただいたもっともお世話になったお取引先様で、店舗の従業員もずいぶんとお世話になっていたようです。

最初は、

「どうなっているんだ！」

「信じてやってきたのにあんまりだろう！」

というように声を荒げられることもありました。

また、

「机に座ってぬくぬくと仕事をしているような奴に、俺たちの苦労がわかってたまるか。どんな思いで、つき合ってきたか……」

と、本音をぶつけられることも。


当たり前です。

誠意をもってお取引いただいていたからこそ、憤りも収まらなかったのでしょう。
何度かお電話をいただくなか、「どうすれば回収できるのか」という事務的な内容に変わっていきました。
はじめての経験ですので、一筋縄ではいかず、いただいた質問に答えるというやり取りが続きました。

そして、あるとき
「小野さんもたいへんやね。
わからんことばっかりやったからいろいろ聞いたけど
いつもちゃんと対応してくれてありがとう。
落ち着いたら飲みに行こうよ」
と言ってくださったのです。

そのときは、ただただ涙があふれ、止まりませんでした。

「ありがとうございます」

という言葉が声にならなかったのを覚えています。

思いがけない相手からいただいたねぎらいの言葉に驚くと同時に、救われたような思いでした。


ご迷惑をおかけした相手であったから、ただひたすらに対応できたのかもしれません。

でも、そのおかげで、**どんな状況でも誠意をもって、実直に対応すれば心は通じる**ものだと教えてもらいました。


これが、私のこれまでの**人生でもっともピュアに、実直に取り組んだ経験**です。

人とかかわる上での指針になっていると言っても過言ではありません。

―ヒントはきっとみつかる！―

皆さんもこれと似たような経験はないでしょうか。

ただひたすらに、がむしゃらに。

一生懸命という言葉では足りないくらい、なにかに没頭して必死に取り組んだという経験が。

そのときのことを思い浮かべてみてください。


周りを気にしていましたか？

誰かと比較していましたか？

楽をしようとか、効率を考えていましたか？

得られる成果や結果のためにやっていましたか？


どうでしょうか。

きっと、なにかに突き動かされて、周りを顧みず取り組んでいたのではないでしょうか。

「実直」

ストレートでシンプルすぎてよくわからないかもしれません。
それをできるだけ、わかりやすく、一つでも二つでもヒントを拾っていただこうと、本書では、丸亀製麺の創業時のエピソードや日々の取り組み、丸亀製麺を運営するトリドールホールディングスでのさまざまな事例、そして私自身の体験談などを盛り込みました。

シンプルで派手さのないものは、目にみえません。
でも、ぶれないものにはしっかりとした根があります。
その根の部分は、時代が変われど、永遠に役に立つ最強のメソッドに成り得ます。
本書をお読みいただき、「これは！」と思ったことを実践してください。
そして、ぜひ「自分らしい人生」を手に入れ、謳歌していただきたいと思います。

第1編

まずは自分を打つ

ー自分の向かう方向を明確にし、自分にしかない
「価値」を見出し、それを「強み」に変えていくー

丸亀製麺

「勝ち」は一瞬、「価値」は永遠という言葉があります。

我々は、つい「勝ち」に目が行ってしまうため、人と比べ、競い合ってしまいがちです。

でも、「勝ち」を追い求めて本当に幸せになれるのでしょうか。

ここでは、「勝ち」によって自分の存在価値を証明するのではなく、**自分にしかない「価値」をみつけ、それを「強み」に変えていくにはどうすればいいか**、というお話をしたいと思います。

一章では、「自分を取り戻す」というテーマで、まず、三つのワナについて、それに陥っていないか考えていただきます。そして、日々のあわただしい日常のなかで、周りを気にせず、自分の軸をみつけていく方法についてお話しします。

二章では、一足飛びで「価値」を得ることはできませんので、どのようなステップを踏めば「勝ち」から「価値」へ転換できるのか、についてお話しします。

そして、三章では、さらに「価値」を「強み」に変えていくために必要な自己管理方法について、事例を交え具体的に説明します。

準備はできましたか。

では、自分にしかない「価値」を得て、それを「強み」に変えていくために、一緒に取り組んでいきましょう。

第1章

人と競争するな！　自分を取り戻せ！

—ものすごくピュアになれば、
とてつもないエネルギーと信念が生まれる—

陥りやすい3つのワナ

とつぜんですが、まずは次の質問について考えてみてください。

質問1　レッドオーシャンでは勝てないのだろうか？

（考察）

質問2　ニッチな市場をあなたはどのように探しますか？

（考察）

質問3　あなたのオリジナリティはなに？　どうやってみつける？

（考察）

いかがでしょうか？

一週間ぐらいここから進まなくても大丈夫です。半年ぐらいかけてもいいぐらいです（笑）。まずは三つの質問に沿って「自分探し」をしてみましょう。

質問1　レッドオーシャンでは勝てないのだろうか？

日本の人口は一億二千万人、世界人口は七五億五千万人。

これほどの人がひしめくなか、誰もみつけていない市場を探し当てることは簡単ではありません。思いつくことのほとんどは世界の誰かがすでに考えている、と思ったほうがいいでしょう。

皆さんが今属している会社や学校にもたくさんの人がいますよね。そう、同じことを目指して活動しているレッドオーシャンにいるのです。ここから飛び出して、誰もみつけていない市場にたどり着くのはとてもむずかしい！

退職・退学してどこかに飛び出すより、「今やっていることを面白くできないだろうか」と考えたほうがいいのかな？　でも、もうやめたいんだ。こりごりなんだよ！

あんまり無理しないで！

でも、心と体に余裕があるなら、飛び出すより今やっていることを面白くしようとするほうが断然いい。

丸亀製麺には**「面倒臭いことを敢えてやる」文化**があります。泥臭く取り組むなかに宝が埋まっている、**一見勝ち目がないように思われるところに価値がある**と考えているのです。

形稽古を何度も繰り返すことによってしだいに自分らしさが現れてくる武術と似

ています。

（基礎練習、基礎研究、……）×無限大の回数

丸亀製麺は、基礎となる「手づくり・できたて」を実直に続ければ、お客様に喜んでいただけるに違いないと確信し毎日うどんをつくり、提供しています。

まずは、**踏みとどまれっ**てことですね。

質問2　ニッチな市場をあなたはどのように探しますか？

どこかに「ニッチな市場」はないかな〜♪
でもそんなに簡単にみつかるはずもないか……。
ニッチをみつけたあの人たちはいいな〜、宝くじが当たったようなものだもの。

ちょっとそこのあなた！

宝はすぐそこにあるというのに！

どうして遠くを眺めてるのですか？


創業者の粟田社長は丸亀製麺を立ち上げる前から、

「**お客様に喜びと感動を与えたい**」

という「壮大な」ゴールを頭に描いていました。（※目標設定については第二章でお話しいたします）

え!?　それって当たり前じゃないの？

……そう、掲げている目標は、とっても当たり前……。

もしかして……、

うーん、それじゃ当たり前すぎる！　もっと斬新なこと、心に残るフレーズを考えなくちゃ……。

な～んて考えませんでした？

でも、そんな必要はありません。

本書の目的はマーケティング用につづられる巧みなキャッチフレーズをつくり出すことではありません。いつも使う言葉に誰とも知れず魂を再び吹き込むためのものです。

もし、**心からの感動を人と共有したい、みんなに喜んでもらいたいと目標を決めたら日ごろから使っている言葉に気持ちを込めるところからはじめてみましょう。**

話を元に戻します。

ニッチな市場をただ探したとしてもうまくはいかないでしょう。
まずはあなたが心から望む目標をみつけましょう。
そのために現代社会の荒波にもまれ、見失ってしまったあなた自身をまずは取り戻さなければ……。
これが第一章の内容です。

だからとつぜん投げかけたこの質問で仮にニッチな市場がみつかったとしても、一旦立ち止まってみてください。

それって本当に自分が望むこと？……と。

でも、ある程度売上もあがりそうだし……、行っちゃおうかな～♪

いいですよ、行っても（笑）。でもね、それではなかなか長続きしないんだから。
だから、「本当の目標」を探してほしいのです！

質問3　あなたのオリジナリティはなに？　どうやってみつける？

隣の人と服がかぶっちゃった！
隣の人も気づいてるし、前に座ってる人もチラチラみてる……。
次の駅で降りようっと。

あっ、ちょっとアンタも降りようとしないでよ！

かわいそうに。それはどうしたらいいか考えものですね。

オリジナリティを出さなくては！

と皆さんは考えているはずです。同じ服じゃ、ダメだってね。
おかれている状況を捨てて新しいなにかをみつけようと……。
いっそのこと、降りちゃおうと（笑）。

でも、それで本当に幸せになれるでしょうか。
ダメならまた別のものを探してしまうのでは？
だって、隣の人も降りようとしていて、前に座ってた人、クスクス笑ってたんでしょ？

丸亀製麺では、お客様に感動と喜びをご提供するため「**手づくり、できたて、臨場感**」にこだわっています。

でもこれって……、誰でもできること……。

個人商店で一から手づくりしているところはありますし、丸亀製麺だけなにか特許のようなものをもっているということもないのです。マネできないことなんて一切ありません。

だから、オリジナリティがあるか？　と聞かれれば

「ありません！」

と返すしかありません。

「よそでは食べられない秘伝の出汁がある？」

「ありません、みなさんもおつくりになれますよ」

「神の舌を持つ『麺匠』さんがいるからでしょ？」

「麺匠の役割は丸亀製麺が目指している味を保つこと。だから、そういうのじゃないんです」

ただただ、お湯を沸かして、鰹やさば、うるめいわし、あなごなどの混合節と昆布から出汁をとって……。

丹精込めてやり続ける。

シンプルを極めてるだけ。

マネできないことなんて一切なし！

戦略はいらない⁉

「自分を取り戻す」にあたって、他人・他社との比較や競争をどう考えるかは、とっても大事なことです。

これをどう考えるかによって、あなたの人生が大きく変わってしまう……。

あなた自身、あなたが大切だと思っている人との関係、顧客や取引業者との関係もしかり……。

ここでは、「戦略」と絡めて、お話ししていきましょう。

丸亀製麺含め、われらトリドールグループは外食産業に属しています。

あぁ、なんということか……この外食産業は、参入障壁がとても低いのです。

それは、外食産業はほかの業界に比べて特別な資格を必要としなくても開業しやすいということです。

個人でも一定の資金とリソースがあれば開店できますし、成功しているところもたくさんあります。

いっぽうで競争が激しく成功することが難しい、とも言えます。

大企業でリソースが揃《そろ》っていてもかならずしも優位とは言えません。

だから、いいものはすぐにマネされてしまいます……。

まぁ、いいものを盗むということは、業界の活性化のためにいいことではあるのですが……。

さて、この参入障壁という考えは、いったいどのような思想なのか。その奥深いところを探ると本章のテーマ「自分を取り戻す」にググッと近づいていきます。

それは……。

高く積み上げて乗り越えられないようにしてやる！　という考えなのです。

うーむ、きれいごとしか言えなくなってしまった現代社会……、そこに実は潜んでいる奥深い荒々しさを皆さんは覗いてしまいましたね……。

なかなか、この本音を取り払える人はいないはず……、つねにつきまとって頭から離れない……。

違いますか？

でも、うまい方法があります。さっそく視点を変えていきましょう。

地上から積み上げる壁じゃなくて、お堀のようにおいそれとたどり着けないものをつくるという意味で考えてみる。

丸亀製麺ではどこまでもクオリティの高いものを提供できるよう手間暇を惜しまないという意味で「**掘り下げる**」という発想があります。

手を抜こうと思えば抜けちゃいますからね……。極端に言えば、イチから水と塩と小麦粉を使って生地をつくらなくても、工場でつくってしまえばいいわけです。

もちろん、**丸亀製麺はコストを考えて原材料に手を抜くことは一切ありませんよ。**小麦粉は、われわれが求めている味や風味を突き詰めすべて国産を使っています。

たとえば粟田社長が讃岐の本場に行ったときには、「お客様を喜ばせる、感動させる、足を運んでいただく」にはどうすればいいか、という壮大なテーマがすでにあり、それを実現させるという大きなゴールがとっくにあったと思うんです。

心の底からやりたいと思っていることって、心が弾み、ほんわかと暖かくなるものなんですよね。

そこに対して向かってるのは明らかなんです。

でも、それを具現化するためになにかを戦略的にやるんじゃなく、
まず現場の風景に感動し、
徐々に信念が芽生え、
やがてゆるぎないものになり、
そのときそのときにできることをとにかくやっていく……。

とにかく目の前にあることを実直にやってきたのです。

讃岐でみた風景をそのまま具現化できればお客様が来てくださるに違いない、感動してくださるに違いないという確信。

具現化する手段もわかってる……。

でも、その手段があまりにもシンプル過ぎて、とてつもないエネルギーと信念がベースにないと、それをやることとやり続けることは、難しいのです。

方程式のようにここをこうしてこうやればこうなるに違いないというようなロジックや戦略も大事です。でもブルーオーシャンがそこにあるからそこに向かおうとか、こういうようなステップを踏んでいこうよ……みたいな単純なものじゃない。

「戦略」を「他者を動かし、目的を達成するもの」と考えている人が多いと思います。

戦略という言葉には人を冷徹に強制的に目標に近づけようとする魔法のような力があります。でも、本当に必要な戦略とは、心からやりたいと思ったことが続けられないと思ったときに**「継続」を自分に課す**ものなのです。だから、経営戦略とかマーケティング戦略なども必要なんだけど、最初から必要なものじゃない。経営戦略とかマーケティング戦略などをはじめから考えていたとしたら、それは「はじめに自分をみつめる」作業を怠っている証拠です。

これは海外事業（世界中で商売をするとき）も同じです。

われわれは

「その地域地域の消費者に末永く日常的にご利用いただけるお店をつくりたい」

という思いを出発点にしています。

企業ですから当然業容を拡大したいという思いがあるのですが、たとえばこのエリアでお店を出したいとか、このブランドがほしいという感覚でM&Aはやっていません。

繰り返しますが、

「その地域地域の消費者に末永く日常的にご利用いただけるお店をつくりたい」

という思いが大切なのです。

そこで人気のあるブランドだったら

「すごく面白くて秀逸なブランドだから、資本や世界中のネットワークを活用して一緒に世界に広めていきましょう」

という感じで声をかけてM＆Aを成立させていくのです。

すごくシンプルな思いで世界に進出しているのであって、お金持ちが欲しいものをどんどんカゴに入れるような感覚じゃないんです。

そのベースにはものすごくピュアなものがある。

接するお客様に喜んでいただきたいというのが根底にある。

「これが日本食ですよ」

「これがおいしいうどんですよ」

っていうふうに売り手の勝手な発想を押しつけようとは決して思っていません。

自分たち（日本人）にはもしかしたら口に合わないかもしれないけど、現地の消費者の好みを提供し続けることが大切です。だから、うどんだけにこだわっているわけではないですし、味も地域ごとに変えてローカライズしているのです。

周りは気にするな！

ものすごくピュアなもの、接するお客様に喜んでいただきたいという思い、これは競争から生まれるのではなく、自分自身から湧き上がるものです。

丸亀製麺が急速に店舗を拡大していた時期、セルフうどんの競合店が増えました。でも、店舗数を拡大し、成長しているのは、二強と言われる丸亀製麺とはなまるうどんさんだけ。

ここでは、ライバルである競合との関係をどう考えているのかご紹介します。

はなまるうどんさんと丸亀製麺の創業時期はあまり変わりません。

ですが、気軽に入れるセルフうどんのお店というイメージを広げて、百何十店舗までの拡大は彼らのほうが圧倒的にはやかった。

だから、当時は脅威に感じていたはずです。

ところが、丸亀製麺ははなまるさんをマネすることなく、まったく異なるアプローチであとを追いかけました。

そもそも丸亀製麺に優位性があったのでしょうか。

たとえば、

・圧倒的にブランド力があった

・安く食材を仕入れることができた

・特許のようなすでにマネのできないものをもっていた

まず、ブランド力ついては、甲乙つけがたいというか、むしろはなまるうどんさんは、親しみやすいカラーやロゴを使っていたので、ブランドの認知はあったかもしれません。

次に、食材に関しては、小麦粉が主な原料ですので、それを丸亀製麺だけ破格の値段で仕入れるということは難しいです。

あとは、特許というようなものは外食業界では取得するのは難しいので、NOですね。

となると、なにに優位性があったのでしょうか。

それには二つあります。

一つは、比較的賃料と人件費の低い地方のロードサイドでの店舗展開で成功できたこと。

もう一つは、「手づくり・できたて」にこだわって運営するなかで、技術を持つ人が育ち、日々の営業でノウハウを積み重ねられた、ということです。

もちろん、ノウハウはどんな企業でも蓄積されると思いますが、丸亀製麺は人の手仕事に委ねられているという点で、数千人の麺職人を有するブランドになれたことがほかにはマネできないことなのです。

ただ、それは結果論で、まず自分より先を走っているランナーがいれば、そのマネをするか、追いかけて追い抜こうとしますよね。

どうして、丸亀製麺はマネをしなかったのでしょうか。

あまり相手ばかりをみていると、勝つことばかりに意識がいってしまいますよね。

でも、競合を気にしたり勝つことだけをモチベーションにしないほうがいいのです。

あくまでもお客様をみて、丸亀製麺の原則を曲げずに走り続ける。

なりふり構わず走ることで、自然と周りに目がいかなかったのかもしれません。

その日一日一生懸命仕事をすれば、心地よい疲れでぐっすり眠れる。次の日も、目の前の仕事にひたむきに取り組んで、気がつけば一日が終わっていて、充実感のもと眠りにつける。

周りをみて比べる暇もないくらい、ひたむきに走る。

それが常になっていた、ということです。


丸亀製麺は「手づくり・できたて」にこだわっていますが、それだけがお客様に支持されるのなら、そうでないお店は淘汰されていったはずです。

丸亀製麺はセントラルキッチン（集中的に製造・調理・加工する工場）を持たず、店舗ごとに設置している製麺機で生地をつくっています。たしかにセントラルキッチンを持つということは、一定の品質を保つには非常に合理的ですし、その方式をとっている外食企業はたくさんあります（そのほうが多いかも）。

なので、**それぞれにこだわりをもって貫いていれば、あとは選んでくださるのはお客様なので、好きかどうかという世界に行き着く**んですね。


丸亀製麺を支持してくださるお客様がいらっしゃいますし、はなまるさんにははなまるさんのファンがいる。それでいいと思います。**比べて、競う必要はない**のです。

もっともっと遠くにあるゴールを見失わず、競合を追いかけるのはもうやめましょう。

あいつに抜かされたとか、俺が追い抜いてやったとか、誰かと比べてどうかということではなく、ゴールに向かう手法は違えどお客さまを満足させられたもの勝ちなのです。

周りが気にならなくなるコツ

当たり前だけど、自分以外はみんな他人。

自己啓発書には、「人と比べてはいけない」「比較は不幸のはじまり」みたいなことが書いてあるけど、そもそも「比べるな」というほうが無理。

自分より仕事のできる人、お金持ちの人、要領よく立ち振る舞っている人、モテる人……、

どうしてもうまくいっている他人が気になってしまう。

そうなると、自分らしく物事に向き合うなんてもうできなくて……。

あーなんて、自分は無力なんだ。

どうしたらいいんだろう……。

こんなときは、笑顔をつくって、胸を張って自分らしく振る舞えば、自信を取り戻せる、みたいなことも書いてあるけど。

でも、心のなかは晴れない。

幸せになりたい!!


誰しもそう願っています。

昨日より今日、今日より明日が少しでも前進していて、ハッピーになっていたい。

そのために夢や理想を描く人は多いでしょう。

ただ、夢や理想を描くとき、どうしても以下のような順番になってしまうのではないでしょうか。

たとえば、医者でも弁護士でも会計士でもよいのですが、資格を取得したいと思っ

ている人は、

資格を取得すれば（have）↓思い通りの仕事ができて（do）↓幸せになれる（be）

また、理想のパートナーと出会って結婚したいと思っている人は、

理想のパートナーがいれば（have）↓愛のある生活ができて（do）↓幸せになれる（be）

また、最たる例は、

お金をたくさん持ちさえすれば（have）↓なんでも欲しいものを手に入れることができて（do）↓幸せになれる（be）

という具合に。

一生懸命仕事をして（do）、たくさんのお金を稼げれば（have）、幸せになれる（be）が最後にきています。

have と do が逆の場合もあると思いますが、いずれの場合も幸せになる「be」が最後にきています。

幸せに行き着く過程についてどれが正しいとかいうのはないと思いますが、その逆の思考法を身につけましょう。

まずは「こうありたい」「こうなりたい」という be からはじめるのです。

本当に自分らしく幸せになるために。

なぜなら、do や have は選択肢がたくさんあって、一つのことを手に入れてもそれで心の底から幸せだと思えなければ、もっともっとと求めていくようになります。

そう、きりがない……。

年収五〇〇万円の人が七〇〇万円になって嬉しいと思っていても、いつしか満足できなくなって、一〇〇〇万円を目指す。でもその為には、労働時間も長くなって、責任も重くなって、体力的、精神的な負担も大きくなる、みたいな。

もちろんたくさんの給料をもらうには当たり前なんですが、もっともっとと望むいっぽうで、家族との時間や自分の時間がなくなったり、健康を損なっては意味がない、ということです。

でも、他人の do や have もみえてしまいますから、すごいと思ったり、憧れて、それをマネしたり、比べてしまって、競ってしまうようなこともありますね。

be は、自分軸。根っこの部分。オリジナリティがあるんですね。

誰にも理解されなくても、「自分はこれがいいんだ」、「こうなりたいんだ」、というのがあれば、なにを have しても do しても幸せになれると思うんです。

なぜなら、have や do は実現させるための手段でしかなく、それは無限の選択肢があるからです。

なので、自分の根っこの部分をしっかり太く大きくしていくのです。

どうすれば be を育てられるか

個人の場合、その根っこの部分を太く大きくするために、役割に応じてどうなりたいのか明確にしていきましょう。

たとえば、仕事場においては、

「誰が相談にきても応えられる頼りがいのある上司になろう」とか、

家庭においては、夫として

「妻と一緒にいて楽しく、尊敬される存在でありたい」とか、

父として

「イキイキと仕事をしている姿をみせたい」とか。

また、もっと大きなテーマとしては、男として、人としてというのでもいい。

あとは、身の回りの素敵な人を探し、観察し、マネできるところをマネてみるのも効果的です。

素敵な人がなぜ素敵なのかを観察していると、笑顔が素敵だとか、どんなときも真摯に耳を傾けてくれるとか、立ち居振る舞いが素敵だとか、決して身につけているものが高級だとか、いい車に乗っているからとかではないと思うんですね。

まさに be が輝いているんです。

そのなかで、マネできそうなところをみつけてマネてみる。

あの人（素敵な人）のように自分から挨拶してみよう。

自分が話したくなってもぐっとこらえて最後まで相手の話を聴いてあげよう。

そうすれば、どんどん素敵な自分、なりたい自分に近づいていきます。

「素敵な人になるには一円もいらない」

これは実業家の斎藤一人さんの言葉です。
シンプルですが、すーっと入ってきますね。
そうです、一円もいらないのです（笑）。

お店に話を戻すと、その地域でどんなお店でありたいのか。

「若者にお腹いっぱい食べてもらいたい」
「記念日に思い出になる時間を過ごしてほしい」
「人が集まり心の交流を図る場にしたい」

そういう**ベースとなる思いがあってはじめて、提供するメニューや内装などが決**

まってくる。

丸亀製麺で提供しているのはうどんですが、仮に粟田社長が出くわして感動したのが、アメリカのホットドック屋さんであればホットドック屋さんを展開していたかもしれません。

人の心をつかむ「手づくり」「できたて」の感動……。

これがホットドックで表現できるのであれば、それでもいい。

なんにでも変わりえるのです。

流行りに敏感になることも大事ですが、なぜ、流行っているのか、なぜ、行列ができているのか。

そこにはかならず秘密があります。

もしかしたら一過性のブームかもしれませんし、立地条件がいいだけかもしれません。

「行列ができている」＝「うまくいっている」ではなく、しっかりその理由を紐解いて、見極める必要があります。

つまり、**なぜ人の心を捉えて離さないのかという be の部分をみるということ。**

でも、根っこの部分だから土に埋もれていてなかなかみえない。

だからこそ、みつけたら宝になるし、おいそれとマネできない。
ビジネス的に言えば競争優位性を持つということなのです。

must からの解放　受け身人生からの脱却

では、どうすれば自分を取り戻せるか、について一緒に考えていきたいと思います。

まず、日常を振り返ってみてください。
日々の忙しさに追われているのではないでしょうか。

では、みなさんは、なにに追われているのでしょう？

それは、やらなければならない仕事……。

当たり前ですよね。誰しも属しているところがあり、それぞれに役割があります。会社で言えば部署があり、そのなかで部長なら部長、課長なら課長という役割があります。主婦（主夫）をされている方も同じですね。

また、社会のなかで与えられる役割のほかにも、一人の人間として役割があります。たとえば、家庭では夫とか、父とか、息子とか。

やらなければならないことが多いので、それをいかにこなすか。それに時間を奪われ、気がつけば一日が、一週間が終わっているという人も多いのではないでしょうか。

それは、大事なことですし、やらなければいけないことをまっとうしているから世の中が成り立ち、生きていけるのかもしれません。

でも、もう少し丸裸の自分がどんな人間でありたいのか、本当はなにをやりたいのかを探っていく必要があります。

それが自分を取り戻すということです。

生きていく上でmustをまっとうすることは大事ですが、**誰の人生でもなく自分の**

人生なのですから、自分に軸をおくというマインドチェンジが必要です。

情報に溺れるな

今ほとんどの人がスマホをもっています。機能から言えば小さなパソコンを持っているようなもの。

一昔前まではあり得ないほど世の中は便利になりました。

その最たるものは、必要な情報を瞬時に得ることができるようになったことです。

それがゆえに情報量が多くなってしまったこととそれに触れる時間も多くなったのではないでしょうか。

私もついつい目的もなくスマホを手にしてしまうことがあります。そんなときなにをしているかというとニュースをみていることが多いですね。

そのニュースを知ったからといって仕事の効率が上がるわけでもなく、明日からの日常や人生がプラスに働くわけでもないのに……。

芸能人の誰と誰が結婚したとか離婚したとか、誰が捕まったとか、そんなどうでもよい情報に触れるために時間を割いているんですね。

冷静に考えたらじつにもったいない。

仮に一日一〇分だとしても一年で六〇時間、約二・五日分の時間を使っているわけです。

もちろん高い意識をもって時間をすごしてばかりいると疲れてしまうかもしれません。息抜きやなにも考えずにぼーっとする時間も必要です。

でも、ちょっと**客観的に自分の姿を顧みて、自分にとって本当に必要な情報を得ているのか、そのために時間をつかっているのか、を少し考えてみる。**

時は金なり、時は命なり。

諦めてはいないか

「自分の人生」を歩むためにも時間の使い方を見直すことは大事ですね。

どうせ、給料も急に上がるわけではないし、世の中もよくならないし、夢なんて描いても叶いっこない。成功者と言われる人はほんの一握り、自分が努力したくらいで変わるはずはない……。

などと思ってはいないでしょうか。

また、年を重ねるごとにできることも限られてきます。若いころのようなエネルギーもありませんし、もしかしたらできるかもと背伸びしてチャレンジする機会も少なくなるでしょう。

いわゆる保守的になるということですね。

居酒屋でオヤジがやってはいけない三つの話は、

・過去の自慢話
・愚痴
・下ネタ

だそうです。

そんな人とは飲みに行きたくないと一瞬思いながらも、自分もやってるかも……とドキッとした方もいらっしゃるかもしれませんね。

諦めてしまっているから未来に目がいかないんでしょう。だから、過去の栄光や、日常の愚痴なんかを話してしまうのでしょうね。気をつけなければいけません。

あれができない、これができない。

「あなたにはできない」と誰かから言われたことはありましたか？

でも、**できない、と決めるのはいつも自分**です。

諦めてしまっては、そこでゲームオーバー。

居酒屋で、目を輝かせて未来を語れるオヤジになるためにも、**まずは諦めることをやめてみませんか**。

できること、些細なことからはじめる

変わりたい、現状を打破したい、と思っている方は多いかもしれません。

でも、人は急には変われません。

大それたこともできません。

でも、**少しずつシフトするような感覚で変わっていくことはできる**と思います。


大それたことをしようとすると、まずは意識を大きく変えないといけません。また、それをするための計画もしっかり立てなきゃと、それ自体に時間をかけたりしてしまいます。

まずは、なんでもいいのです。些細なことでいいのです。

私は、最近寝る時間にアラームをかけています。

えっ？　起きる時間ではなくて寝る時間に？

と思われたでしょう。そうです。寝る時間にです。

どうしてもダラダラ時間を過ごしてしまいがちですので、それをシャットダウンする意味でのアラームです。

起きている活動的な時間と同様に、寝ている時間も大事です。それを確保するためには、寝る時間のアラームは不可欠、と思っているからです。

タイマーをかけてスマホを使う時間を決めるというのでもいいでしょう。

YouTubeをみるなら自分の興味のあるテーマに絞ってみるのでもいいでしょう。

そんな些細な事で、時間の質は変わってきます。時間の積み重ねが人生をつくっていきます。

日々の積み重ねは人生の質も変えてしまう可能性があります。

身の回りに目を向ける3m以内は変えられる

お世話になったり、仲がよくても最近会っていない人、離れた部署やかかわりの薄い部署の人……、これらの人びとは「近い」と感じていても、実は自分が「今」いる空間には存在しないのです。

私は、**手を差し伸べ、貢献できるのは3m以内の人だけ**だと思っています。

それらの人に対し、自分の好きなことや得意なことで貢献していく。

それならすぐにできそうな気がしませんか。

また、お金がない、時間がない、能力がない、と言っている人をよくみかけます。

あと、いつかチャンスがきたらやりたい、と言っている人も。

でも、その「いつか」はいつまでたってもやってきません。


自分以外のもののせい、環境が変われば……。

これでは自分を取り巻く世界を変えられない。


些細なことでも自分から働きかけていきましょう。

世界が少しずつ変わっていきます。


同時に自由も手に入れることができます。

自由というと少し大げさかもしれませんね。

ですが、能動的に動いていく人生は、自分でコントロールできるので、自由を手に入れることができるのです。

自分の手の届く身近な範囲で、能動的に動けば、自分の存在価値を高めることができるのです。

また、「自分はこんなことで貢献できるんだ」という気づきも得ることができます。

愛情不足を探す

では、身近な3m以内の範囲では、なにが起こっているのでしょうか。

きっと行き届いていない場所はあるはずです。公用の場所は汚いとか、会社であればコピー機の周りはいつもゴミがたまっているとか。

また、パーフェクトな状態で仕事をしている人はほとんどいないのではないでしょうか。

環境が変わって少し孤独を感じているとか、急にたくさんの仕事がふってきてやり切れるかどうか不安を抱えているとか、慣れない仕事でいつもより疲れてしまうとか。

そういった「愛情不足」の状況のなかにいる人はたくさんいます。

「愛情不足」とは、私が敬愛する松浦弥太郎さんの言葉です。

同氏のトークイベントに参加したとき、

「身の回りの行き届いていないところ、愛情不足を探してください。無関心にならないでください」

とおっしゃっていました。「愛情不足」ははじめて聞きましたが、素敵な言葉だなと思いました。

身の回りの愛情不足に気づいたら、

「なにかお困りのことはないですか」

と声をかけるだけでもいいでしょう。とてもベタですが（笑）。

その際、大切なのは**想像力**を働かせるということ。

自分が好きなもの、自分がいいと思っているものを強く勧める人がいますが（それはいいことなのですが）、想像力が豊かだとは言えません。

本当に相手はなにを求めているのか、なにで困っているのか。一旦「自分」を脇に

置いて考えてみる、想像してみる。

敏感になってくれば、周りの人のＳＯＳを感じ取ることができるようになります。

そこで、なんでもいいので小さな貢献を積み重ねていきましょう。

しだいに貢献できることに幅ができるかもしれませんし、「自分にはこれしかないな」と自分軸を明確にするきっかけになるかもしれません。

自分を取り戻すトレーニング

では、自分を取り戻すうえで、私自身が実践していることを紹介させていただければと思います。

それは、

「もう一人の自分を持つ」

「問いかける」

「**言葉にする**」

という三つのステップです。

①もう一人の自分を持つ

「俺はいいけど、矢沢がなんて言うかな？」

というのは、矢沢永吉さんの言葉。

まるで自分がもう一人いるかのような言い方ですね。

また、元サッカー日本代表選手の本田圭佑さんもリトル本田とつねに会話している、と言われます。

成功者は、日記やブログを書いたり、瞑想をするなど、自分と向き合う時間を持っているのです。

彼らは、グイグイと進もうとする自分に

「ちょっと待って！　もう少し冷静になって考えたら」
と言い留めたり、躊躇っているときに
「お前ならできるよ！　大丈夫」
と背中を押してくれたり、もう一人の自分と対話し、うまくつき合っているのでしょう。

もう一人の自分を持つというのは急には難しいかもしれませんが、情報を遮断し、瞑想に近い状況に身をおくことは、それに近いかもしれません。

入ってくるものがなければ、内に向かうことができますので、もう一人の自分も育ってくるかもしれませんね。

私がもう一人の自分と向き合うために実践しているのは、朝、家を出る前の瞑想です。五分～一〇分程度目を閉じて、深く呼吸をするだけで、心が落ち着いていくのがわかります。

また、頭が真っ白になると内から出てくるものを感じることができます。

「あ、これやらなきゃ」

ということを思い出すこともあれば、

「こんなことしてみたいな」

と思ったり……、mustやneeds、wantsが入り混じっていますが、湧き出てくるものをキャッチできます。


あと、活用しているのはお風呂。

私は、毎日三〇分程度半身浴で湯につかり、しっかり汗をかくことを習慣にしています。

浴室は、情報が遮断されていますので、瞑想のときと同様に内から湧き出るものを感じることができます。


たいがいいいアイデアがひらめくのも浴室ですね。

それを逃さないために紙と鉛筆を持って入っています。

少々湿気があっても鉛筆なら書けますし、万が一湯のなかに落としてしまっても乾かせばまた使えます。

浴槽に蓋をして、そこに雑誌や本、紙と鉛筆、汗を拭くためのタオルをおき、汗をかきながら、本を読んだりメモしたりする時間は至福のときです。

汗と一緒に悪いものが出て、必要なものをインプットしながら、いいアイデアも湧き出る。いい循環がおこり、心身が喜んでいるような錯覚に陥ります。

朝の瞑想も浴室での時間も、ポイントは、情報を遮断する環境をつくること。つねにたくさんの情報にさらされていますので、一旦遮断してみると、今度は内なるものがアウトプットしだします。

わずかな時間でもいいので、やってみてください。思いがけずいいアイデアが生まれたりするかもしれません。

②問いかける

潜在意識は、問いかけるとその答えを探そうとする機能があると言われています。

自分を取り戻すには、自分は何者なのか、何者になりたいのか、を明確にすることです。

それは、どんな有能なコーチやコンサルをつけても答えを導いてはくれません。

自分で自分を探ってみつけるしかないのです。

有効なのは「問いかけ」です。

そのときのマジックワードは、

「で、どうなりたいの？」

「で、どうしたいの？」

この「**で、**」はとても大事です。

もう一人の自分がいれば、
「ずっと三〇分もスマホ触っているけど、なにをしたかったんだっけ？」
「人のマネばかりしてるけど、ほんとはどうなりたいの？」
という具合に、いったん今の言動を打ち切って問いかけることが大事なのです。

あと、**もっと大きなテーマに対して答えを導きたい場合は、問い続ける**ことが重要です。
そんなとき有効なのが、手帳のゴールデンページを活用するという方法です。

ゴールデンページ？

これは、私が勝手につけた名称です（笑）。

雑誌には、たくさんの広告が載っていますが、目につく頻度が高い順に広告料は高いと言われています。

私の言うゴールデンページは、表紙裏か一ページ目のこと。

「問い」を手帳の表紙に貼るわけにいきませんので、その次に目につく表紙裏か一ページ目に答えを導きたい問いを貼るようにしています。

たとえば、

・仕事とやりたいことのバランスをいかに保つか
・どんなライフスタイルが最適か
・誰のために、なにを伝えるために本を書くか
・自分の存在価値を最大限に発揮するためにどうすればいいか
・自分の最大の使命は？

という感じです。

問いをいつでもみえるようにすることで、反復して潜在意識に刷り込むことができ

ます。

問い続けることで、ふとしたときに「あ、そうか！」とヒントのようものに出くわします。そういう体験が重なることで、いつしか答えが導かれます。

問いを部屋の壁に貼るなどもよいのですが、ちょっと抵抗がありますよね。手帳だと誰にもみられませんし、一日に何度か表紙を開くので、そのたびに問いを投げかけることができます。

どうぞ試してみてください。beを太く大きくする上でも非常に有効だと思います。

③言葉にする

問いかけだけで終わってはいけません。

問いかければ、答えはかならずでるものです。

さらに、それを言葉にしてはじめて認識が深まります。

言葉にするには、二通りあります。

一つは、「**言う、話す**」です。

一人で話すわけにはいきませんから、誰かに話すわけです。

「俺って、実はこんなことをしてみたかったんだよね」

と、夢や理想を語ったとき変に思われてしまいがち……。

「そんなの上手くいくはずないよ」

「なにバカなこと言ってんの」

と足を引っ張るような人もいたりします。

なので、人に話す場合は、相手とか環境とかを選ばないとマイナスに働いてしまうこともあるので、注意です。

もう一つは、**「書く」**です。

ノートでも手帳でもメモ帳でもなんでもいいでしょう。紙に文字として書くだけで、自分自身をあらためて認識することができます。見える化ですね。

「話す」のと違って、いつでもどこでもできますし、誰にもみられることもありません。誰もいない部屋でやれば、書いて笑みを浮かべていても誰にも変には思われませんので、おすすめです（笑）。

「話す」と「書く」のどちらでも効果があると思いますが、私は「書く」ほうをおすすめします。

なぜなら、手帳やノートに日ごろから「書く」ことには慣れているからです。備忘録として書いていることがほとんどだと思いますが、思い立ったことなど内から湧き出ることも少し意識すれば書けるようになります。

問いに対するはっきりとした答えでなくても

「あ、これかな」

と思えるものが浮かべばそれを書いてください。

繰り返しますが、思っているだけではダメです。

最初は、まったく浮かばないという時期が続いたり、浮かんでも断片的であったりするかもしれませんが、しっかりキャッチしようと意識していれば、言葉にすることができますし、書いた内容につながりがみえてきたり、自分にとっての優先順位が高い事柄がわかってきたりします。

ぜひ、活用してみてください。

さあ、自分を取り戻す準備はできましたか。

ここでご紹介した内容は、すぐにできるものばかりですが、結果はすぐにはついてきません。

じっくり取り組んでみてくださいね。

でも、真剣に取り組めばかならず自分を取り戻すことができます。

自分を取り戻すということは、「自分は何者か」がわかり、「なりたい自分」も明確にできるということです。

「自分は何者か」がわかれば、しっかりとした土台ができますので、ぶれることはありません。

そして、日々の時間やエネルギーを「なりたい自分」の実現のために使うことができるので、自然とストレスもなくなるでしょう。

また、なにより自分の人生を生きている実感が、自己肯定感を高めてくれます。

積み上げるな！　掘り下げろ！

私の属する経営企画室には、会社の成長に伴いすごい人たちがどんどん入ってきます。

なにがすごいのかというと、誰もが知るような超大手企業で活躍していた人をはじめ、コンサルティングファームや投資会社で経験を積んだ人、会計士の資格保有者など、錚々《そうそう》たる人たちなのです。

また、海外移住や勤務の経験があって英語をはじめ数か国語を操る人もいて、周りでは英語でディスカッションや交渉をしているのが日常的な風景です。

部署で英語をしゃべれないのは私くらい。しかも、皆私より若い（笑）。

経験も豊富で、頭もキレキレで、語学堪能。しかも若いとくればもう太刀打ちできません。

他人と比べても仕方ないとわかっていても、自分の能力のなさ、いたらぬ点ばかりに目が行き落ち込むことばかり。

いっぽう、外に目を向けると同い年で圧倒的にすごい方々がいます。

その筆頭は、ＵＳＪを立て直したことでも有名なマーケター・戦略家の森岡毅さん（株式会社刀 代表取締役ＣＥＯ）と三木雄信さん（元ソフトバンク株式会社社長室長、現トライオン株式会社代表取締役社長）。

もちろんお二方のことは尊敬していますし、著書もほとんど読ませていただき、そこからたくさんのことを学び刺激を受けました。

それだけに、同じ時代に同じようなことを体験しているのになぜこんなにすごいのか、というくらい差は歴然としています。

とくにすごい人物と比べると自分のマイナス部分ばかり浮き彫りになります。

そんななか、自分の居場所があるのか、と存在価値を見失い悶々と過ごした時期もありました。

他人と比べてもなにも生まれない……とわかっていながら、あまりにもすごい人たちに囲まれていたので思考がマイナスの方向に行ってしまっていたんですね。

四〇歳を過ぎると自分ができることとできないこと、得意なこととそうでもないこと、好きなことと嫌いなことがはっきりしてきます。

二〇代や三〇代のころのように「これやってみよう！」と少し背伸びして新しいことに興味を持ちチャレンジすることもなくなります。

私も四〇代なかばを過ぎてそういったことが少しずつわかるようになってきました。

しかし、二〇一六年に書籍を出版してから、少しずつ状況も変わってきました。

社長秘書の仕事をさせていただいていますので、粟田社長が社内外で講演や講話される際の原稿案や資料、インタビューのQ＆Aなどは私が作成しますし、そこから派生して、社長以外の役員の方々からセレモニーの挨拶文原稿を書いて欲しいという依頼を受けることもあります。

また数年前から、社内ＳＮＳのPleashare（プレシェア）という媒体で連載を持たせていただいており、毎週金曜日に「今週の１冊」という書評を配信しています。

この連載は、回を重ね一〇〇回を超えました。

「いつも読んでいます」

「この間紹介されていた本を買って読みました」

「おすすめの本があったら教えてください」

などとお声がけいただくこともあります。とても嬉しく励みになります。

また、最近では、プライベートでも結婚式のスピーチの原稿を添削して欲しいと言われたり、余興の漫才のネタを書いたこともあります（笑）。

そんな機会が増えていくなかで、

「自分にもお役に立てることがある」

と少しずつ存在意義を実感できるようになりました。

小さなことでも周りに貢献できることはかならずあります。

「評判の美味しい店を知っている」

「いつでも真摯に話を聴いてくれる」

「イラストが得意」

など。

それは、誰かに勝つために際立ち目立つことではありません。

自分の「好き」や「得意」を掘り下げれば、自然と人の役に立てるようになり、周りの人が喜んでくれるようになるのです。相手より目立ったり、勝つためになにかを積み上げるのではなく、些細なことでも「好き」や「得意」を掘り下げているからこそ、自分らしく輝けるのかもしれません。

第2章

目標はこうしてみつけろ！

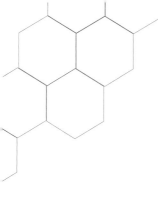

―「勝ち」から「価値」への5つのステップ―

丸亀製麺はうどん・そば市場で売上、店舗数ともにＮｏ．１です。でも、うどん・そば市場でＮｏ．１を取るぞ！　と言ってほかをなぎ倒すようにしてきたわけではありません。

本場讃岐の風情感を再現して「手づくり」「できたて」でお客様に喜んで感動してもらって、また足を運んでいただきたい！　ピュアなその思いに向かって日々実直にやってきた結果がそうなったんであって、なにかを負かせて勝ってきたからではないんです。私はそこにものすごく価値を感じています。

「勝ち」にだけ目が行ってしまうと、仮に勝ったとしてもほかと比べての結果ですし、やっぱり長続きしない……。ほかの人よりなにかが優れていて、優劣がつけば、一時的には幸せかもしれないですけど……。

「これだ！」と決めたものを深めて磨いていく。そして、小さいフィールドで気がつけばＮｏ．１になる……。

知らないうちにということがすごく重要で、ニッチを狙うとか、ブルーオーシャンを探り当ててとかではないのです。

それには**誰でもできそうなことを掘り下げて磨いて、すごく小さな分野でもいいから一番になったほうが「価値」になる**。

この章では、そんな**「勝ち」から「価値」**にマインドチェンジするステップについてお話ししたいと思います。

私は、一章で紹介したように社内のSNSで「今週の1冊」というコーナーを担当し、おすすめの本を紹介しています。たくさんの原稿を書き、チェックする機会があり、プライベートでも年間二〇〇冊以上の本を読んでいるのは社内で私だけだと思います。それって誰がどう評価してくれるとかではないのですが、小さな分野でNo．1だと思うのです。

たとえば、今では文具コンシェルジュと名乗る人が存在します。一昔前なら「あの人万年筆二〇〇本も持っている文具オタクらしいよ」で終わっていた話です。ただ、今は世界が広がっているので、さまざまな肩書の人が活躍できる時代だと思うんですね。自分が好きで突き詰めたことを、たとえばブログで紹介したり、雑誌でコラムを書いたりすることがきっかけで、同じような価値観を持つ人とつながることができたり、人のお役に立てたり何か貢献できるフィールドがあるわけです。そういう意味でものすごく「価値」を見出しやすい時代だと思うんですね。

ステップ1　枠をはずせ　常識を疑え

まず、常識を疑い、枠を外すこと。

こうでなきゃというような固定観念や思い込みとかいろいろあって、縛られて生きている人も多いのではないでしょうか。

私も昔は、「男なんて仕事してなんぼ」と思っていましたので、夜遅くまで仕事をしたり、土日出勤したり、徹夜なんかしようものならカッコいいとすら思っていた時期もありました。

ほぼ毎日定時に帰っている今では考えられませんけどね（笑）。

また、たくさんお金を持っているほうがいいに違いない、そのためには出世すべきだとか、もうこの歳だから無理に決まってる……とか言い出したらいくらでもあると思います。

目標を立てるときもそう。
本当に自分が心の底から望んでいるものを目標に設定しているかというと、「?」と首をかしげる人は多いのかもしれませんね。

たとえば、
・周りの人に言われたから
・巷《ちまた》で流行っているから
・やらないと不安だから
・過去からの思い込み（やりたいに違いない、やめるともったいない、と思ってしまっていること）

こんな理由で目標を設定していませんか？

こういう罠に陥りがちなので、今まで当たり前だと考えていたこと、常識、成功セオリーの枠をリセットするのがファーストステップです。

先人の知恵や普遍的なものはもちろん大事ですが、前例にとらわれたり、周りに流されたり、過去の成功体験に縛られず、いったん枠をはずしましょう。

セオリーと真逆の理論で大成功！

一九七五年から一九九七年まで外食産業は右肩上がりの成長を続けていました。

一九七〇年にケンタッキー・フライド・チキン、一九七一年にマクドナルド、その後はファミレス……と、日本にこれまでなかった新しいブランドが次々と誕生しました。

市場が右肩上がりの時代に、外食産業の成長を支えたのは「チェーン・オペレーション理論」というものです。

外食を利用する消費者数に対し店舗の数が非常に少なく、とにかく増やさなければならない。そのためにはお店をフランチャイズ化して展開するのが合理的だったのです。教育にじっくり時間をかけている暇もないためマニュアルが重視されました。セントラルキッチンで加工したものをお店で簡単に調理して提供し、ある程度マニュアル通りにやればオペレーションできるという理論です。

いっぽう、丸亀製麺はそんな外食市場がピークアウトしてからできた業態です。外食産業が縮小するなか店舗を増やしてＮｏ．１になったのです。

丸亀製麺がやってきたことはチェーン・オペレーション理論とは真逆のことでした。店舗はすべて直営で運営し、マニュアルはあるにはありますが、必要最小限。セントラルキッチンは持たず、一店舗一店舗でうどんの生地は水と塩と小麦粉からつくり、もちろん出汁、天ぷらやおむすびもすべて店舗でつくっています。

これまで王道とされていた「チェーン・オペレーション理論」の反対のことをすれば成功するだろうと考えたわけではありませんし、意識して真逆の方法をとったわけでもないのです。あくまでも、お客様に感動と喜びを提供するために「手づくり、できたて、臨場感」をとことん追求したら、これまで当たり前とされていたものと反対の非常識な方法にたどり着いていたということなのです。

想像を超えていけ！

都心に存在する一部の丸亀製麺では、平日一七時から「30分飲み放題」のサービスがあります。

三種類あるうちの一番安いもので、ビール、レモンサワー、ハイボール、焼酎（麦・芋）が飲み放題で、さらに惣菜・天ぷらから二品と一品料理（親子とじ）かうどん（釜揚げ・ぶっかけ・かけ・ざる）を選べて、一二〇〇円（税込み）。

居酒屋でちょい飲みセットというのはよくみかけますが、おつまみが二、三品程度と生ビール一杯一〇〇〇円とか、通常より二〇〇円～三〇〇円安いという程度ですが、丸亀製麺は違います。「ちょい飲み」ではなく「ガブ飲み」できるのです。

消費者は安いものを好みます。

ただ、味やボリュームも非常に大事な要素なので、仮に一〇〇〇円払うなら、それだけの価値があるか瞬時に判断しているわけです。

つまりコスパが高いかどうかを見極めているのです。

うどんが二九〇円、天ぷらや惣菜二品で二五〇円だとして、それで五四〇円。残り六六〇円で好きなアルコールが三〇分飲み放題となると、数杯飲めば十分元がとれるという計算になるわけです。

お陰さまでこのサービスはヒットしています。

ほかに同様のサービスをしているところが少ないからかもしれませんが、コスパの部分でお客様の想像を超えたからヒットしたのだと思います。

もちろん採算度外視でやっているわけではありません。

丸亀製麺は、ランチタイムに一日の約六割の売上がある業態です。

つまり、夜の時間帯は比較的空いていて満席になることはないのです。

もちろん惣菜を陳列するためのショーケースやビールサーバーなどの初期投資はかかりますが、飲み物はセルフサービスでお客様ご自身に注いでいただくスタイルですので、飲み物の注文をとったり提供したりということに割く人件費はかかりません。

ですので、空いた時間帯を活用し売上をさらに上げる施策としては打ってつけなのです。

採算性は大事ですが、お客様の想像をはるかに超えるものを提供できれば、お客様にも喜んでもらえて、売上をアップさせる施策がみつかるかもしれません。

もっと、想像を超えていけ！

前項で丸亀製麺の飲み放題サービスについて紹介しましたが、お酒を扱う業態として晩杯屋という立ち飲み業態があります。

晩杯屋は二〇一七年八月からグループ入りしたブランドで、東京で五〇店舗ほど展開をしています。

SNSの発達により、コミュニケーションの方法が変わってきました。

一昔前のように大勢で飲み会をするという機会も少なくなったので、オオバコの居酒屋がどんどん姿を消していっています。

いっぽう、せんべろ（一〇〇〇円でべろべろになるほどお酒が飲めるお店を略した造語）という言葉があるように、一人や二〜三人で軽く飲んで楽しめるお店が増えています。

晩杯屋もその一つ。

メニューは、ほとんど一一〇円から一五〇円。人気の上マグロの刺身は三〇〇円。ドリンクも三〇〇円前後とリーズナブル。お腹いっぱい食べて飲んでも二〇〇〇円でお釣りがくるくらい。

さらに盛られた料理は、一人分。通常の居酒屋では、二〜三人分が盛られていて三〇〇円以上はしますので、シェアして食べるとはいえ、多くの種類を注文できませんし、割り勘にしても結局高くついたりします。

また、晩杯屋は、テーブル席のあるお店もありますが、基本立ち飲みですので、それほど店内が広いわけではなく、きめ細やかなサービスをしているわけでもありません。

なのに、人気が高く繁盛しています。

ご利用いただいた知人などからも「あの値段にしては、美味しかった！」という声をたくさんいただきます。

値段以上のクオリティがあり、「一〇〇〇円台の料理ならこんなものかな」という想像を超えるからこそ、ご支持をいただいているのだと思います。

また、我が社は、「コナズ珈琲」「ラナイカフェ」というカフェ業態も運営しています。ここでも、丸亀製麺同様、つくりたてのおいしさを徹底的に追求しています。

注文を受けてからパンケーキやハンバーガー、ロコモコなどをつくり、コーヒーはハンドドリップとコーヒープレスの二つから淹れ方を選べて、注文を受けてから豆を挽き、一杯ずつ淹れています。アイスコーヒーは、豆を挽いて淹れたコーヒーを冷やして提供するほどのこだわりぶりです。

同ブランドのコンセプトは、ハワイで過ごす休日をイメージしたナチュラルなカフェ。

店舗の周りにはヤシの木が生い茂り、内装には使い込んだような木材を床や天井、壁に使い、サーフボードや大きなソファのある一角もあります。椅子やテーブルも席ごとに違うので、お気に入りの席をみつけるという楽しみ方もあるかもしれません。
客単価は一三〇〇円以上と少しお高いのですが、それでもご満足いただいており、平日から連日満席で、二時間待ちになることもあるぐらいの盛況ぶりです
手づくりの美味しさにこだわっていることもあると思いますが、日常から離れた異空間で過ごせるところが、お客様の想像を超えて価値になっている。それが人気の秘密かもしれません。

ステップ2　心を揺さぶられるものはなにか？

ご承知の方も多いと思いますが、讃岐地方は、製麺所が軒を連ねるまさにうどんの聖地。瀬戸大橋の開通で四国に足を運ぶ人が増えたことを背景に、讃岐を舞台とした書籍や映画が公開され、何度か讃岐うどんブームが起きました。

丸亀製麺をはじめる前、粟田社長がうどんの聖地讃岐に行くことがありました。

そこで訪れたのはお父さんとお母さんでやっているようなこじんまりとした製麺所

でした。

飲食店ではありません。

ですので、愛想よく出迎えてくれるわけでもサービスがいいわけでもないのです。

ただ、どんぶりの上にうどんを入れしょうゆを一かけして食べる……。

ある程度お金があれば、おいしいものを食べられる豊食の時代に全国から人が押し寄せて製麺所に行列ができている。

これはいったいなんなんだ……。

それまで、焼き鳥業態「とりどーる」を運営し、地域の人びとに支えられ店舗数もどんどん増やしていました。

紆余曲折があったものの、粟田社長は、全身全霊をかけて商売をやってきたという自負があったのです。でも、自分がつくってきたお店では讃岐でみたような行列はできていませんでした。

一杯のうどんのためだけに……。

そうか……人は体験や感動を求めているんだ！

お客様の求めているものがまったくわかっていなかった。

目の前でゆで上がるうどん。それを器に盛り、できたてを食べる。つくり手の動き、立ち込める湯気、におい、活気など、すべてがお客様の五感に響き、それを「体験」しに来ている。

この製麺所を再現さえできればお客様に来ていただける。

喜んでいただける。

感動させることができる。

心を揺さぶられるような衝撃、人生を変えるような瞬間は偶然訪れるものなのかもしれません。

そういう感度をもった原体験が揺るぎない信念を維持する最大のエネルギーになるのです。

こうして、製麺所で得た感動を再現しようと粟田社長は思い立ち、二〇〇〇年一一月に丸亀製麺加古川店を開店しました。

そのときの「感動」がなかったら、丸亀製麺は誕生していなかったでしょう。「感動」がゆるぎない信念に変わり、「手づくり・できたて」を貫くことが、日々全国のお店で小さな「感動」を生んでいるのです。信念にはそんな力が宿っているのです。

心を揺さぶられるようなものと出会い、それを活動のベースにできたら、それは揺るぎないものになるのではないでしょうか。

課題図書は「ONE PIECE」

トリドールジャパンの恩田社長は、周りに「ONE PIECE」や「宇宙兄弟」、

「スラムダンク」「弱虫ペダル」「ジャイアントキリング」を読むように勧めています。「ＯＮＥ ＰＩＥＣＥ」や「宇宙兄弟」、「スラムダンク」と言えば、皆さんもご存知の大人気漫画。

「なぜ、漫画を？」と思われたかもしれませんが、「人の心を打つもの」に触れて欲しいから、という理由だとか。

なかでも「ＯＮＥ ＰＩＥＣＥ」は最新刊の九二巻の発売で、全世界の累計発行部数は四億五〇〇〇万部（国内三億八〇〇〇万部以上、海外七〇〇〇万部）を突破。ＴＶ化や映画化はもちろんのこと、世界中にファンがいる驚異的な漫画です。それだけ、人の心を打ち続けるものが、潜んでいるのでしょう。

もちろん、我々はお客様相手の商売ですから、流行に敏感であることも大事なことです。

時代はどう変化しているのか、お客様はなにを求めているのか。アンテナを立て、情報をキャッチして、お客様の求めているものを提供できるようつねに努力をしなければいけません。

ただ、流行は一過性のものもあり、ブームがきて、すぐに去っていくものもたくさんあります。ですので、流行に敏感になることと普遍的なものをしっかり把握しておくことが重要なのです。

とはいえ、数十巻の漫画を読んだからといって、これという答えがみつかるわけではありません。

大切なことは随所に散りばめられていますが、それを実際の店舗運営や経営にどう生かすか、直接結びつくものをみつけるのは容易ではないのです。

世の中に良書はたくさん存在しますが、大人になると教科書は自分で探さないといけません。

そこから、学びや気づきを深め、実践を交えながら自分自身の求める答えをみつけなければ意味がありません。

とくに壁に当たったとき、指針となる書が座右にあるか。また、励ましてくれたり、奮い立たせてくれる言葉をもっていることは、重要です。

北海道日本ハムファイターズの栗山秀樹監督が、渋沢栄一氏の人生訓「論語と算盤」を若手選手の育成に活用したのは、有名な話。

強い人材と組織づくりに一番大切なのは、「論語と算盤」の教えだとし、大谷翔平選手など超一流の若手選手に積極的に同書を読むように勧めたのだとか。

恩田社長は、漫画の登場人物の台詞を引用することもあります。

ちょっとつらいな、もうこれ以上前に進むのはしんどいな、と思っている仲間がいたら、

「スラムダンク」の安西先生の台詞を借りて
「あきらめたらそこで試合終了ですよ……？」と。

「しんどいときほどもう一歩がんばれ」というときに使うのだそうで、「あきらめるな！」とストレートに言うより伝わるのだとか。

「そこで諦めたら、安西先生に怒られるぞ」と冗談っぽく話すこともあるそうです（笑）。

また、やり続けることの重要性を諭し、「悩んで進まないよりとにかく前に進め」と伝えたいときは、「弱虫ペダル」を例にとり「自転車と一緒でこげば前に進む、とにかくペダルを回せ」と言うことも。

少し話はそれましたが、漫画でも映画でも舞台でもなんでもいいのです。「人の心を打つもの」に触れ感度を高めておくこと、そして多くのことに触れ、体験すれば「心を揺さぶられるもの」に出会えるかもしれませんね。

ステップ3　こだわりや譲れないものはなにか？

前述のとおり、粟田社長は、製麺所での感動を再現しようと考えました。再現するには、「手づくり、できたて、臨場感」を貫くしかない。この三つの柱は製麺所で誕生したのです。

どんなことがあっても、いままでこの三つの柱が破られたことはありません。

ほんとうに頑として譲らないのです。

なにかを効率化したり、いろんな改善がなされたとしてもその三つだけは絶対に譲らないのです。

社内で働いていると、**こだわり続ける芯となるもの、軸となるものをつくる**重要さをひしひしと感じます。

たとえば、発注や報告などの社内事務的な作業は効率化を目指しても、お客様と接する空間においてうどんづくりの作業手順を効率化することは決してありません。とことん手間をかけるのです。

元来、面白いこと、新しいことに敏感な会社ですので、チャレンジする柔軟性はもっています。ただ、「手づくり・できたて」に関しては、それがなくなってしまったら自分たちでなくなる、と言わんばかりに守り抜いているのです。それこそが真のこだわりだと思います。

「ぶれない」が一番強い

丸亀製麺が八〇〇店舗以上の店舗を運営できているのは、フランチャイズ方式を採用しているからと思っている方は少なくありません。

ですので、(国内店舗は)すべて直営であることを話すとほとんどの場合驚かれます。

むしろ飲食店を多店舗展開している企業では、フランチャイズ方式を採用するのが一般的です。

店舗を拡大しやすく、利益性を重視する上でもその方法が効率的でしょう。本部の負担やリスクも少なくなります。

フランチャイズ方式の場合、店のオーナーを募って、出店の費用も出してもらい、開店してからはロイヤリティをもらいます。開店前に本部が調理や接客の仕方などをレクチャーし、材料はすべてセントラルキッチンから供給、開店してからは本部の社員がたまに店に顔を出す程度で、本部とのコミュニケーションはそれほど多くありません。

これだと、料理の味が変わってしまったり、店員の接客態度が悪くて店の評判が落ちていても、本部で気づけないこともあるでしょう。

店の売上が悪くても、店のオーナーの負担が大きくなるだけなので、本部はそれほどダメージを受けませんが、これだと単に店を増やすのが目的になってしまいます。

丸亀製麺は、開業してからずっと直営店方式を取ってきました。

それはやはり、フランチャイズだと目が行き届かない部分が出てくるからです。

たとえば、丸亀製麺では時間が経ったうどんやおむすび、天ぷらは廃棄しています。

もちろん、ロスが少ないようにお客様の入りの状況をみながら管理していますが、どうしても一定量の廃棄物は出てしまいます。

もし仮に、フランチャイズが売上ばかりを優先してしまうと、どうなるでしょうか。

時間が経って伸びきったうどんを提供するかもしれませんし、冷めきった天ぷらや乾燥してご飯粒が固くなったおむすびをそのまま置いているかもしれません。


もちろんフランチャイズ方式で展開し成功している企業はたくさんありますし、しっかりと理念を理解したうえで運営をしてくださる加盟店もあると思います。しかし、丸亀製麺は「手づくり・できたて」にこだわるがゆえに、思いや理念、技術などを人から人へと伝承できる直営店方式がベストだと考えています。

品質や味を確認するために麺匠が定期的に店を訪問していますが、それでもつくる人によって味に個性は出ます。

麺匠曰く、

「うどんはつくり手の作業の仕方で味が変わる。丁寧につくればおいしくなるし、荒っぽい人がつくればまずくなる。つくり手の人柄が味に出る」

とのこと。

うどんは生き物なので、丸亀製麺は店によって味が多少違うのです。

しかし、それこそセントラルキッチンでつくった画一的な味にはない魅力です。セントラルキッチンでつくると、味が標準化されますし、誰がつくっても味がぶれないのでリスクは低くなります。けれども、人が自分のためにつくってくれたという感動はありませんし、できたてのおいしさも味わえません。丸亀製麺としては、店ごとに味に違いが出たとしても、そのほうが讃岐のうどん屋のような個性を出せるのだと考えています。

そして、店ごとに味は多少違ってもつねに一二〇点のうどんを目指しています。ダーツで言えばいつもど真ん中を狙っているということです。

実際には、一〇〇点のうどんもあれば、九〇点のうどんもあるでしょう。本当はそれでよしとはしたくないのですが、商品として提供できる合格点のものを提供できていると思います。

麺匠は、

「その枠を小さくするのが仕事。狙うのはいつもど真ん中」

「ど真ん中を射抜いたとき感動が生まれる」

と言っています。

丸亀製麺にとっての最低ラインをクリアしているかどうかを判断し、後はつくる人の個性にゆだねている部分があります。

味を完全にそろえることより、絶対的なおいしさを追求したいのです。

お客様は来ない

商売をやる以上、いかに売上を上げるか、そのいっぽうでいかにコストを抑え利益を残すのかが重要です。

利益がないと商売が成り立ちませんから当然のことです。

しかし、それは、「お客様が日々来てくださり、売上が上がる」ことを前提にしています。

「お客様は来ない」

これは、粟田社長の言葉です。

「どうすればお客様に来ていただけるか。そこからスタートしなければいけない」

これは、実体験のなかから得た教訓なのだそうです。

私も過去に小さなお店を任されていたことがあります（我が社のお店ではありませんが）。

京都の片田舎の居酒屋で、大きなお店ではありませんでした。

大雨が降ったり、少しイレギュラーなことがあれば、お客様が0（ゼロ）ということが何度かありました。

お店の掃除をして、仕込みもしてお客様をお迎えする準備が整っているのに、誰も来ないのです。飲食店をしていてそれほどつらいことはありません（笑）。

そんなときは、忙しいときの何倍も疲労感があったのを覚えています。

また、どんなお店でも「客数が減る」というのはよくあることです。

理由は、ほかにもっと魅力的なお店ができてそこに流れてしまったのか、味や価格が変わったためにお客様が離れていってしまったのか、そもそも根本的に飽きられてしまったのか……など理由はさまざま。

丸亀製麺も例外ではありません。

毎月既存店前年対比を公表していますが、一〇〇％を下回ることもあります。

たとえば、客数が九七％ならその三％のマイナスの要因はなにかを探ります。テレビＣＭの出稿量が少なかったのか、フェア商品の売れ行きが芳しくなかったのか、集客を見込める週末の天候が悪かったからなのか、など。それを探ることで次の打ち手がわかってくるのです。

一般的には、「メニューを変える」、「価格を下げる」、「販促を強化する」などの策を講じることが多いでしょう。

それで改善できればいいのですが、結果がでなければ、これまでにないメニューを出したり、営業時間を延ばしたり、場合によっては本来の持ち味を失い、負のスパイラルにはまっていくというケースもあったりします。

そうなれば、お店も従業員も疲弊していきます。

丸亀製麺には、「手づくり・できたて」の商品を提供するという軸があります。そこは絶対にぶらさない。

「手づくり・できたて」の本格的なうどんを召し上がっていただく。それは、ご家庭では体験できないことですので、丸亀製麺を選んでお店に足を運んでいただける。そこに優位性があるのだと考えています。

シンプルでとても難しいのに、実は「**一番の近道**」になることをまとめてみましょう。

「お客様は来ない」というスタート地点から、「なんでもってお客様に選んでいただき、足を運んでいただくか」ということを考える。

そして、「手づくり・できたて」の商品を提供するという丸亀製麺の一番のこだわりの部分（根本となる軸）をつくり、それを日々実直に取り組んでいくことで、おいそれとマネできないくらいに磨き上げる。

それが、結果的には「一番の近道」になるのではないでしょうか。

効率はいらない！

「おいしいうどんは、打ちたて、生でこそ。だから、丸亀製麺はすべての店で今日も粉からうどんを打ちます。工場も持たず、つくり置きもしないのは全国チェーンで私たちだけ。こうしなければ本当のモチモチは生まれないと信じています」

これは、「ここのうどんは、生きている。」というテーマで二〇一九年一月から放映しているCMのナレーションです。

これまで一五秒だったCMを三〇秒に拡大し、私たちのお店に来ていただければ本格的なうどんを召し上がっていただけますよ、と呼びかけています。

これは、まさに原点回帰をアピールしたもの。

二〇一八年一月から客数が減少し、その打開策をみいだせないまま時間が経過していました。

さまざまなリサーチをしていくなかで、これまで売上を向上させてきた「高単価のフェア商品を販売し、それをテレビCMで訴求する」という施策が響かなくなったということがわかってきました。

フェア商品の目玉は、牛肉や牡蠣《かき》などのトッピング。そのボリュームやインパクトが売りでした。それは、すでに丸亀製麺を利用しているコアユーザーには響いても、日ごろ外でうどんを食べないユーザー層には響いていなかったのです。ましてや、同施策を四年ほど実施してきましたので、コアユーザーに対してもその効果が薄らいできていたのかもしれません。

そこで、原点回帰です。

日ごろ外でうどんを食べない人たちに向けて、しっかり元来のこだわりを伝えていくことにしました。

その皮切りになったのが、このＣＭです。

誰しも迷ったり、悩んだりすることはあります。でも、立ち戻れる原点があることは大きな強みになります。

ステップ４　利他の精神があるか？

枠を外し、

心を揺さぶられるものがあり、

自分のなかに譲れないものとか、こだわり続けるものがある……。

としても、実際にお客様に対するものとか、人が喜んでいただけるものでないとまったく意味がありません。

丸亀製麺には

「お客様は来ないもの」

という前提があります。

丸亀製麺には、どうしたらお客様に喜び感動していただけるか、足を運んでいただけるかというお客様目線を貫く利他の思いがつねに存在します。

ほかの業界もまったく同じだと思いますが、飲食業においてもお客様に喜んでもらいたい感動してもらいたいというのは最大で最難関の目標なのです。

それはコストとの永遠の闘いなのです。

丸亀製麺がコストとお客様の満足の間でどのように行動しているかを象徴する出来事をご紹介しましょう。

入社直後に受けた研修における当時の専務の講話です。

颯爽《さっそう》と現れていきなりホワイトボードに書いた言葉が、

「二律背反《にりつはいはん》」

はじめて目にする言葉に

「どういう意味？」

と身を乗り出しました。

当時のノートには、

「二律背反：一見成立し得ないもの、矛盾しているものを両立させること」

とメモしてありますが、ちょっとわかりにくいですね。

一般的には、江戸時代の財政難のときにおこなった政策の違いが、二律背反の例として持ち出されることがあります。

徳川吉宗は、

「質素倹約をもって財政を立て直そう」

としました。

つまり節約しましょう、と言ったわけです。

いっぽう、徳川宗春はというと

「お金を市場に流通させてこそ財政は立て直せる」

として、散財を勧めました。つまり、どんどんお金を使いましょうと勧めたわけです。

かなり矛盾していますね。

この二つの考え方は真っ向から対立するものですが、どちらも正しいということから、二律背反だと言われます。

話を戻しますと、丸亀製麺では「手づくり・できたて」にこだわり運営しています。

手間暇かけて手づくり・できたての商品をより安く提供する、ある意味儲け度外視のようにもみえることを実践する。

そこには当然コストがかかります。

しかし、店舗運営はビジネスですから、売上をしっかり確保し利益も出さないといけません。

専務のお話は、

「手間暇（コスト）をかける」

「利益を出す」

この二つの相反することを実現することに意義がある、それは難しいことだけどそこに価値がある、という内容だったと思います。

皆さんの周りにも、一見矛盾しているようにみえて、解決できないと諦めている商品やサービスなどは、ないでしょうか。

もしかしたらそれが、イノベーションの種になるかもしれません。

ファーストリテイリング会長の柳井正氏は以下のように言っています。

「矛盾と戦ってなんとか解決策を見出す。そこにプロとしての付加価値が生まれる」

（『経営者になるためのノート』柳井正 著）

こだわりを持ち、実直に取り組んでいるからこそ、二つの相反する事象を乗り越えられる。それが、イノベーションを起こす力になっているのだと思います。

「二律背反」深い言葉ですね。

付加価値は簡単には生まれない。どこまでもお客様のために矛盾と戦い続けなければいけないのです。

チームプレーにも利他の精神

丸亀製麺はお昼の時間帯に一日の六割の売上を上げます。

とくに一一時半から一三時くらいはピーク中のピーク。注文をしていただいてからお会計までの時間をいかに短くするかが勝負のわかれ目となります。

我々は、それを「通過時間」と呼んでいて、お客様にご迷惑をかけない程度にいかにはやくできるかをつねに考え取り組んでいるのです。

丸亀製麺の厨房《ちゅうぼう》には、いくつもの持ち場があります。
まず、麺の生地をつくる「製麺」、
うどんをゆでる「釜」、
お客様から注文を受けうどんを器に盛りトッピングなどをして提供する「湯煎」、
そして「天ぷら」、
「おむすび」、
「レジ」、
「洗い場」、
ほかにも「ホール」担当のスタッフもいてお客様が後にしたテーブルを拭いたりする役割もあります。

ピーク中、厨房はごった返しています。どこかのポジションが滞ってしまうとレーンの途中でお客様をお待たせすることになり、ストレスを与えてしまいます。
かと言って、自分は仕事がはやいからと「湯煎」担当者がどんどんお客様の注文を受けて、つくってしまうのもよくありません。

つねに一対一。

「今、目の前であなたのうどんをおつくりして提供させていただきます」というのがとても大事ですので、三つくらい先につくっておいて、順番に提供するということは決してしません。それをすると鮮度が落ちてしまうからです。

それぞれの持ち場担当者のスキル、スピードも大事なのですが、それよりもっと大事なのは連携です。

自分に余裕があれば、となりの持ち場を手伝う、少し滞っている持ち場があれば「湯煎」の担当者が連続して注文を聞かず一拍おくなど、周りをみて判断しないといけないのです。

これも利他の精神ですね。

スポーツでも個々人の能力が高い集団だから勝てるわけではありませんよね。声をかけあい、補いあい、総合力で勝利を手にする。もしかしたら、チームとして機能していれば、大が小を制すというようなこともあるくらいです。

「俺がはやくやっているのに、なんでできないんだ！」

というのは利己的です。喜んで満足していただくのはもちろんお客様ですが、それを実現するために厨房内でも利他の精神を働かせチームワークを保ち仕事をすることが求められるのです。

喜ぶ顔が想像できるか

丸亀製麺に足を運んでくださったことのある方はおわかりだと思いますが、店舗の従業員はつねに忙しく働いています。

そんな姿をみて「よくモチベーションが保てますね」というお声をいただくことがあります。

つまり、

「一般の飲食店より忙しそうにみえるけど、どうやって従業員はやる気を維持しているの？」

「なぜ、わざわざしんどいのに丸亀製麺を選んで働いているの？」

と不思議に思われるということです。

誰しも短い時間で高い時給をもらえる仕事があれば、そちらを選ぶでしょう。

当然のことです。

そのほうが効率的ですから。

しかし、日々の仕事は、お金だけでないモチベーションに支えられているのではないでしょうか。

いわゆる「やりがい」ですね。その「やりがい」をなんでもって感じるか、ということです。

飲食店は、つくり手と受け手（サービスや商品の提供側とその受け手側）が近いため、「やりがい」を感じやすい職種です。

しかも、丸亀製麺のようにオープンキッチンでお客様との距離が近く、触れ合う機会が多いとさらにその度合いも高いかもしれません。


「おいしかったよ」

「ご馳走さま」

「また、来るね」

というお客様のひと言が、目にみえない報酬になり得るのです。


自分がつくったものを食べてくれたお客様が笑顔で帰ってくれた。

「おいしい」と言ってくれた。

その体験が、モチベーションの源です。


それが、レンジで温めただけの料理ならどうでしょうか。

一生懸命手間暇かけてつくったものに対して、お客様が喜んでくださるからこそ、自分自身も嬉しいのです。「やった！」という達成感が生まれるのです。

マニュアルどおりにやればいいだけの仕事や単一な作業には、工夫の余地がありません。

また、自分の手が加わったという実感もありません。

先日、とある有名レストランの厨房で働いていた方から、こんな話を聴きました。コースの前菜を任されていたが、細かくレシピが決められていて、そのとおりつくるだけであまり面白くなかった。

むしろ数十人分のまかないをつくるときのほうが、たいへんだったけど工夫の余地があって面白かったと。

お客様の笑顔やひと言は、小さい報酬かもしれません。でも、それが手間暇かけた手仕事から得られる成功実体験なのです。

その体験があるからこそ、少々しんどくてもがんばれます。まさにモチベーションのエンジンになっているのです。

お客様の喜ぶ顔が目に浮かぶ、「美味しかったよ」という声を想像できる。

自分の目の前の仕事に必死でも、いつしかそれがお客様の笑顔、「誰かのため」になっていると実感できればそれは大きなエネルギーになると思います。

ステップ５　決めて断つ　信念を持て

時代は変化し、
周りの声にもかき乱され、
うまくいかないときほど、
決断が鈍ります。
もうこれで行くんだと決めたら絶対それを揺るがせないことが大事です。

ステップ４では、利益を得ることと大切な価値との兼ね合いについてお話ししました。コストを理由に簡単に大切な価値が損なわれてしまうことを皆さんも十分理解していただけたはずです。コストだけではありません。忙しかったり、周りの声に惑わされたり……、大切な決断のときに限って迷ってしまうのです。

誰もがそうです。

どうしたらぶれずにいられるのでしょうか。

枠をはずせ　常識を疑え
心を揺さぶられるものはなにか？
こだわりや譲れないものはなにか？
利他の精神があるか？

ステップ1から4を繰り返してみましょう。

5に進めないわけは1～4までが弱いのかもしれません。

何度も何度も粘り強く、このステップを繰り返してみてください。

たどり着いた先には、ぶれることない軸のようなものができているはずです。

それは、競って得たものではなく、自分にしかないかけがえのない「価値」になるはずです。

第３章

優先順位をみつければ、目標は実現できる！

―あなたの「価値」が「強み」に変わる―

第一章では目標設定において陥りやすいワナを実感していただき、あなた自身を再度みつける必要についてお話ししました。

第二章では効果的にぶれない目標をみつけ、最終的に決断するまでの流れを丸亀製麺誕生秘話と合わせてお話ししました。

第三章では、決断したあと、目標を実現するためにどのように自分を管理すればいいのか、どうすればあなたの「価値」が「強み」に変わるのかを自身の体験を交えてお話ししていきたいと思います。

1．自己管理

なにかを成し遂げるには、自己管理は欠かせません。

そんなこと言われなくてもわかってるよ、という方も多いかもしれませんね。

では、ここからは復習のつもりでお読みいただければと思います。

自己管理は、「いかにパフォーマンスを上げるかに意識を注ぐこと」と言い換えることもできます。

これをすれば仕事のパフォーマンスが上がるかということを意識していれば、無駄な時間を過ごすことはないでしょうし、食事においても暴飲暴食をするとか、徹夜をして寝不足になるとか、やりたくないことを引き受けてしまう、ということもなくなると思います。

では、どうすればパフォーマンスが上がるのか。

その方法は、大きく分けて三つあります。

一つは、時間管理。
二つ目は、心身の管理。
三つ目は、モチベーションの管理です。

当然のことながら、ビジネスパーソンでもスポーツ選手などでも成果を残せる人は自己管理能力が高いのです。

こういう人たちは、なにかを我慢して歯を食いしばってやり遂げるのではありません。時間を管理し、心身の状態もモチベーションも維持して、つねにやりたいこと、やるべきことに向かってエネルギーを高めることができるのです。

では、順にお話ししていきましょう。

1―1. 時間管理術

▼まずは、優先順位をつける

時間管理で一番重要なのは、優先順位をつけるということです。

仕事であれば、重要で緊急性が高いものは優先すべきですが、それよりももっと広い視点で、**自分の人生のなかで「これは譲れない」というものを決めること**だと思います。

では、譲れないものってなんでしょうか。

なかなか、言葉にしたり、形にするのは難しいかもしれませんね。

エネルギーを注げるもの、誰かが横でやっていたら、「俺がやる！　自分がやったほうがいいに決まっている！」と言い切れるようなもの。もしくは、粗削りでも自分でやらないと気が済まない、人に任せてはおけない、というものかもしれません。

誰しも、こうなればいいな、という理想のようなものを持っていると思います。

その時代の流行りもありますし、身近な人への憧れから同じようなことをやってみたいとか。

私の周りにも「いつか本を出したいんです」とか「いつかは独立したいんです」と

いう人がいます。

でも、残念ながら「いつか」は永遠にやってきません。

「いつかできればいい」と思っていても、それは実現しません。思い描くことは大事ですが……。

「どうしても」やり遂げたい、自分にしかできない、これは人には譲れない、というものを選ぶべきなのです。それが優先順位を決めるということです。

そこには、エネルギーが宿ります。

それは、風上に向かって走っていくことに似ているかもしれません。

大事なもの、優先したいものが他人にとってどうかは関係なく、自分にとって大事なものなのであれば、それはとても重いはずです。

だからちょっとした風で飛んでくるようなものではないのです。だからこそ、風上に向かって、髪をオールバックにして（笑）その先に向かって走っていくから、大事なものをつかむことができるのです。

優先順位が決まるととても楽になります。それを軸に考えればいいので、おのずと「やるべきこと」が明確になり、同時に「やるべきでないこと」も明確になります。

歳を重ねれば重ねるほど、なにをするかより、なにをしないかのほうが大切なのです。

人生は長いとはいえ、その限られた時間になにをするのか、優先順位を決め時間を管理していきましょう。

▼やりたいことはよりスピーディーに

時間管理の方法については、書籍などもたくさん出ていて方法論が紹介されていますので、ここでは詳しく触れませんが、ひと言で言うと時間管理は、テクニックです。

ただ、**本書は、テクニックをお伝えすることが主眼ではなく、マインドチェンジすることで、自然と適切な手法が身につき、実践していただくことを目的としています。**

では、話を元に戻しましょう。

手法については、時間管理に関する書籍を読めばいくらでも勉強できますし、知って終わるのではなく、実際に試して自分に合うものを取り入れていけば、おのずと時間管理はでき生産性も上がっていきます。それはやるかやらないかで差がつきます。

朝の時間が大事とか、コアタイムの設け方とか、ショートカットの活用など、紹介されているものを実践してみて、一つでも二つでもいいので、日々の仕事を具体的に変えていってください。

私も七時半ごろには出社し、始業の九時までに急ぎの仕事や気になっている要件を済ませます。

社長秘書の仕事をしているのですが、いつも社長が八時半前後に出社されるので、確認しておきたいことや報告などは、すぐに社長室に伺い済ませてしまいます。

どこの企業も同じだと思いますが、社長は超多忙です。だいたい九時から三〇分か一時間刻みくらいでぎっしり予定がはいっていますので、その合間をぬって報告などをするには、一日中そこに意識を向けていなければなりません。そのため、どうしてもパフォーマンスが落ちます。

パフォーマンスを上げるには、八時半ごろ、一通りの報・連・相をしておけば、すっきりしてその後の仕事に集中できます。

あと、自分にとって優先順位の高いことをするには、やはり優先順位の低いこともしっかりやらないと信頼されません。とくにビジネスシーンでは。

優先順位が高いというのは、あくまでも自分にとっての話……、「私はこれしかやりません。やりたくありません」というのは一般的には通用しません。

でも、優先順位の低いこともしっかりやり、優先順位の高いことはよりスピーディーに正確におこなっていけば、希望の仕事が巡ってくるチャンスが増えていきます。

また、全体的にスピーディーに仕事をこなし、時間の余裕をもっておくことは大事です。

余裕があれば、周りの人を手伝うことができますし、急な依頼にも対応することができます。自然と、信頼が深まっていきます。

▼プライベートの時間も計画的に

ちょっと極端な例ですが、たとえば、イチロー選手をとつぜん飲みに誘ったら、一〇〇％断られると思います（笑）。

成し遂げたいことがはっきりしていて、今日という日もそのビジョンにつながっているので、イレギュラーな予定を受け入れるはずがありませんよね。

もちろん家族や仲間との時間やぼーっとする時間もあるかと思いますが、それらもすべていい仕事につながるようにプライベートの時間を計画されているのではないでしょうか。

休みの日は、ゆっくり寝て、日中はだらだらと過ごしてしまい、寝る時間も遅く寝不足になる人もいるかもしれませんね。

平日のパフォーマンスを上げるためにも、オフの時間の使い方を工夫しましょう。それは、平日の仕事が終わってからの時間も同じです。

細かく計画を立てる必要はないので、パフォーマンスを意識すれば、時間の使い方もおのずと変わってくるものです。

▼練習と本番を区別する

イチロー選手の話が出ましたので、もう少し野球の話をさせていただきましょう。

野球選手がバッターボックスや守備につき、パフォーマンスを発揮できるのは、限られた短い時間です。

その限られた時間に最高のパフォーマンスを発揮するために、日々練習を積んでいるのです。

割合はよくわかりませんが、練習と本番の割合は、九対一くらいかもしれませんね。一のために九の努力、研鑽を積んでいるのです。

舞台に立つ俳優さんとかアーティストもそれに近いかもしれません。一の割合の舞台でいかにいい仕事をして評価されるかにかかっているので、必死で高めていくわけです。

私も含め一般のビジネスパーソンは、そういった区別をするのは難しいですね。重要なプレゼンとその準備に充てる時間、というように練習と本番がはっきりしているケースもあると思いますが、ほとんどの場合曖昧ではないでしょうか。

本番と練習の区別ができず、練習において研鑽するという意識が低いのではと思うのです。

丸亀製麺では、つねに目の前にお客様がいらっしゃいます。お客様に提供する商品やサービスで評価されるわけです。だから、ずっと「本番」といえるかもしれません。

スタッフの方々は、つねに研鑽を積んでいます。

要となるうどんの生地をつくる製麺担当には、麺職人という制度があります。日々の仕事で、スキルを高め、麺職人試験にチャレンジしています。

五つ星が頂点なのですが、その称号を持つのは麺匠ただ一人。二つ星の人が一人いるだけですので、二つ星の人は三つ星に、というように日々取り組んでいるのです。

1―2．心身の管理

では、次に心身の管理についてです。

体調管理、感情や心の管理と分けてもいいのですが、これらは切っても切れないものですので、ひとまとまりでお話ししたいと思います。

私は、スキューバダイビングのプロを目指し一時期トレーニングをしていました。ずいぶん昔の話ですが。

潜った回数は数か月で五〇本くらい。二〇代前半だったので、体力もありついていけましたが、トレーニングは体力と忍耐力勝負。ハードなものでした……。

そのときよく言われたのが、「食って寝たやつが最後に勝つ」というもの。とにかくハードなので、あれこれ余計なことは考えない。食べるときはしっかり食べる。一分でもはやく寝て、長く寝る。それだけ、という感じです。

もちろん、食って寝たやつが勝つというのは、少々乱暴な言い方ですが、それが基本だということです。

でも、ビジネスパーソンは、その質を高めていくことができます。

食事と睡眠は心と体の健康を保つうえで、非常に重要。それぞれの質を高めていくことで、パフォーマンスは高まります。

時間管理と同様に食事や睡眠、運動、呼吸法など、さまざまな書籍で紹介されていますので、ここでは詳しく触れませんが、一般的によしとされていることのなかで、自分に合うことを習慣に取り入れることが重要です。

たとえば、睡眠は六時間とる、食事は腹八分目、適度な運動をする、日光を浴びるなどなど。

もう一つは、心地よいものに囲まれて過ごすということ。またそのような環境を整えるということ。

私は、家族との時間をかけがえのないものと考えています。今は単身赴任中ですが、できるだけ自宅に帰り、家族と一緒に過ごす時間を大切にしています。その時間は、心から安心し、癒されるので、心身ともにかならずいい影響があるとわかっているからです。

また、毎朝ウォーキングをして日光を浴びる、体温を上げておくために朝食のあと六時間以上は白湯しか飲まない、ランチの後はかならず二〇分程度の昼寝をする、食事は「ま・ご・わ・や・さ・し・い」を心がける、など自身のパフォーマンスを上げるためにやっていることがいくつかあります。

※まごわやさしい：七品目の食材をバランスよく取り入れることで健康的な食生活を送れる、という合言葉
ま＝豆（納豆、大豆、小豆、油揚げなど）
ご＝ごま（ごま、くるみ、栗、銀杏など）
わ＝わかめ（わかめ、ひじき、のり、昆布、もずくなど）

や＝野菜（緑黄色野菜、淡色野菜、根菜類など）
さ＝魚
し＝しいたけ（しいたけ、まいたけ、えのき、なめこなど）
い＝いも（さつまいも、じゃがいも、こんにゃくなど）

東京で単身赴任をはじめて四年目になりますが、会食以外で外食をしたことはありません。すべて自炊です。また、ほぼランチはお弁当をつくって持って行きます。

単身赴任をはじめて数か月経ってからお弁当を持っていくと「彼女でもできたんじゃない？」と疑われるかと思い、初日から気合を入れて弁当を持って行ったくらいです（笑）。

1—3．モチベーション管理

優先順位の高いことに意識がいっていれば、その日一日の仕事の生産性は自然に高まります。

わかりやすい例でいうと大好きな彼女（彼氏）とデートの約束をしていたら、その時間に間に合うように、その日は少しはやく会社に行って仕事を片づけようとか、いつもより段取りよくできるように根回ししておこうとか、いろいろ考えるはずです。

その人のスキルは変わっていなくても、工夫が生まれるのです。

▼モチベーションのエンジンはなにか？

とある勉強会に参加したとき、これまでの経験のなかで、「楽しかったこと、嬉しかったこと」を探るワークをしました。

頭や心が柔軟な子どもならすぐに出てくるものなのかもしれません。しかし、大人になると不思議に出てこないものなのです。

鎧で心を固め、

・いい大人がこんなことを嬉しいと言ったら笑われるかも
・過去の自分をさらけ出すようで恥ずかしい
・自分の世界のことだからどうせ誰もわかってくれない

などと自分の心に蓋をしてしまうのです。

幸運なことに、その勉強会は二か月ごとに開催されていました。こうして、じっくりと自分を振り返り、鎧を一枚一枚はがしていったのです。

そして、「楽しかった思い出、嬉しかった思い出」ベスト3を発表する回がやってきました。

私が発表した内容は、以下のとおり。

1位　学研の「科学」という小学生向けの雑誌の特集ページで取り上げたもらったこと。掲載後、学校の人気者になった。

2位　・中学校の生徒会に立候補し二年生で当選したのは自分一人だけだった。
・サッカークラブの五・六年生の選抜チームに一人だけ四年生で選ばれた。

3位　グルメサイト「ぐるなび」のイベントにパネラーとして参加。
二〇〇人以上の前で話し快感を覚えた。

これらの出来事から自分の特性や資質を紐解《ひもと》き、

「目立ちたい」

「ちやほやされたい」

「『すごいね』と言われたい」

「『意外と○○なんですね』と言われたい」

という性格というか、そういう人間なんだということがわかりました。


なので、今ビジネス書を書かせていただいて、「サラリーマンをしながら本を書いてるんですか。すごいですね」と言っていただいたり、サインを求められたりするとたまらなく嬉しいわけです。モチベーションが一気に上がるわけです。いつでもサインペンを持ち歩いていますので、いつでもお声がけください（笑）。

40歳を過ぎて自分の特性や資質に気づくのは恥ずかしいものですが、それがわかってからこれまで、興味をもってきたことやチャレンジしてきたことなどが、一本の線でつながった気がしました。

この自分の特性や資質は、

・楽しいこと、嬉しいこと
・ワクワクすること
・魂が喜ぶこと

を探って、書き出すことで紐解いていくことができます。

自分のことなのに、意外とわかっていないと気づくでしょう。これは自分にしかできないことですので、ぜひトライしてみてください。本当に面白いです。

でも、モチベーションはこういった特性や資質だけで、できているかというと、実はそうではありません。

私は、「**特性や資質**」**に**「**好きや得意**」**を掛け合わせることができればモチベーションは大きな力を発揮する**と思っています。

では、好きとか得意は、なんでしょうか。

特性や資質より容易に答えられるかもしれませんね。

・時間を忘れて没頭できること
・これまで時間やお金をかけてきたこと
・人に喜ばれたり、賞賛された経験のあること

などを探って書き出せば、導けます。

ちなみに私の場合は、

「本を読むこと」

「文章を書くこと」

「人前で話すこと」

です。


なので、今のように原稿を書いたり、本を読んだり、最近は機会をいただくことが増えたのですが、講演やセミナーで登壇するのは苦になりませんし、どんどんやっていきたいのです。

このように「特性や資質」×「好きや得意」はモチベーションのエンジンとなり、自分自身のパフォーマンスを上げるものになります。

2. 自己管理を充実させる二つのワザ

2―1. ルールを課す

自己管理で必要なこと……、覚えていただけましたか？

そう、

- **時間管理**
- **心身の管理**
- **モチベーション管理**

の三つでした。

ここではそれを補う二つのことをご紹介したいと思います。

一つは、**ルールを課す**ということです。

管理と聞くとどうしても固く感じてしまいますよね。なにかを律しないといけない、というように。

でも、簡単に考えれば、**流されない**、ということです。

そのためには自分だけのルールが必要です。

私には、急な飲み会の誘いには乗らない、というルールがあります。

もちろん一切飲みの席に参加しない、ということではありません。

歓送迎会で、新しく配属される方を迎えたり、お世話になった方を送り出したり、それは大事なことですからもちろん参加します。

でも、「今日、ちょっと行かない？」というのはすべてお断りしています。仕事が終わってからすることを決めているので、それが妨害されてしまう、というのも実際あります。また、前もって計画されていないものは、趣旨や目的がはっきりしていないのです。

一度、どの程度飲み会を断ったのかカウントしたことがあるのですが、一年間で一六回でした。金額や時間に換算するのも野暮ですが、仮に一回四〇〇〇円、二時間としても、六四〇〇〇円、三二時間が浮いた計算になります。

ビジネス書を四〇〜五〇冊買って読める時間に相当します。すごいですね。

「絶対悪口は言わない」とかシンプルなものでもいいので、これだけはやる、やらないというルールを決めてみましょう。

大リーグで活躍する大谷選手のゴミ拾いは有名ですね。

健康法などは、独自のルールを持つこと。カチッと決まるまでは、いろいろ試してみることが大事です。新説などが出てきてこれまで信じていたことが嘘《うそ》だった、というようなこともあるので、アップデートは必要ですが、ある程度決めたら継続するのがいいと思います。朝食は取ったほうがいいというものもあれば、逆に取らないほうがいいというものもあったり、惑わされてしまうことがあると思いますが、その理由を知って、自分が納得のいくものを習慣に取り入れていくべきです。

また、ダイエットや安眠、食事法などなんでもいいのですが、一つのテーマに絞って何冊か本を読んだり情報を収集すると、共通して「これはいい」とされるものが出てきます。それらは王道に近いものなので、取り入れてみていいかもしれませんね。

自分が選んだものを信じる。決めたら、日常に取り入れて習慣化する。あれもいい、こっちもいいかもと迷っている時間がもったいないのです。

2—2．振り返りは大事

もう一つは、「**振り返る時間を持つ**」ということです。

本書をお読みいただいている方のほとんどは、日ごろ忙しくされていると思います。でも、自己管理をして自分らしく人生を生きて行くには、「振り返り」がとても大事です。

一章で自分と向き合う時間の重要性を少しお話ししましたが、自分と向き合い、一日や一週間を振り返り、反省して、軌道修正していくことが大事です。

やがて忙しさに流されなくなります。

おすすめしたい「振り返り」ツールは、**読書ノート、メモ、そして日記**です。

私は、二〇歳前後のとき、なにをやってもうまくいかず、どん底の状態でした。二年間浪人したにもかかわらず志望の学校には行けず、心が晴れないまま二〇歳で大学生活をスタートさせました。

遊びたい、恋愛もしたい、そんな一八歳、一九歳の黄金期を勉強だけに費やしてきたのに、なにもつかめませんでした。

そこそこ頑張っていたのに……。

だから、自分は0（ゼロ）でしかない……。

なにをそれに掛け合わせていっても0にしかならない、そんな人生に意味があるのか、これからなにを希望に生きていけばいいのかまったくわかりませんでした。

命を絶つことはできません。前を向いて歩いて行こうと思ってもなにからはじめていいかわかりませんでした。（詳しくは、拙著『メモで未来を変える技術』（サンライズパブリッシング）をご覧ください）

「もうこんなつらい思いはしたくない」

もし同じような思い（孤独、挫折、世間の隅に追いやられた感覚など）が二〇年後の四〇歳のおっさんになったときにやってきたら、もう自分は耐えられないだろう。いまは、若いから前に足を踏み出そうと思えるけど、おっさんになってから経験したら死を選んでしまうかもしれない、と思ったのです。

そして、これから先の人生で、躓《つまず》いたとき、壁にぶつかったとき、つらいとき、悲しいとき、やりきれないときに自分を救ってくれるバイブルのようなものは自分でつくるしかない、と思ったのです。

それからどうしたのか？

まずは、藁《わら》をもすがるような思いで本を読みました。そこで感銘を受けた言葉をノートに書き写していきました。それが**読書ノート**です。今でも続けています。

それともう一つは**メモ**。

その日感じたこと、考えたこと、気づいたこと、反省、教訓など、とにかくなんでも書きました。なにが糧になるかわからなかったので。

人の話を聴いていても、TVをみていても、「これは」と思うものはなんでも。

最後三つ目は**日記**です。

一〇年日記というものを買って（一ページに一〇年分の枠があり、同じ日なにを書いたかわかるようになっている日記帳）毎日欠かさずつけました。

二〇歳からの人生には、きっと進学、就職、結婚など、大きな節目になる出来事もあるだろう……、それを綴《つづ》っておこうと。

なにかを継続した実績をつくることで自信を取り戻したいというのもありました。

結局六年間毎日欠かさず続けました。当初の目標であった、自信も取り戻せましたし、就職して仕事も忙しくなったので書かなくなりました。

全部すがるような思いではじめたことばかり……。でも**振り返ってそれを言葉にす**

る、ということをずっと習慣化してきました。

今は、メモには「これをしたい」とか「こうなりたい」というような理想の状態を書くことがメインになっていて、毎朝五分程度の瞑想《めいそう》をするときなど、その時々で浮かんだことをメモしています。

書いてしまえば、忘れても大丈夫なのでストレスにはなりません。退避できるプールのような場所（メモ）をつくっておけば、脳のパフォーマンスを上げることができます。

日記もどんどん形が変わっています。今は週間日記を書いています。土曜日か日曜日に一週間を振り返り、「よかったこと、感謝すること」を書きます。さらにそのとき思い浮かんだ、「将来やりたいこと、夢、理想」も書きます。

私には一週間というサイクルがしっくりきます。

皆さんにとって一番ぴったりのサイクルをみつけてください。一週間でなければならないという決まりはないのです。

第2編

社会のなかで自分をゆでる

―理解し、理解されることで、取り巻く
世界が変わり、新しい「価値」が生まれる―

前半では、自分の向かう方向を明確にし、自分にしかない「価値」を見出し、それを「強み」に変えていく、というお話をしました。

いわば、個人の成功についてです。

ひとりで生きている人はいません。

誰しも社会とかかわり、そのなかで自分の役割をまっとうし、生きているのではないでしょうか。

社会と表現しましたが、個とかかわっているものは、多岐にわたります。

社会的に成功するには、かかわる相手とどのような関係性を築いていくか、が重要です。

そこで、まずポイントとなるのは、「相手を理解し、理解される」ということです。

たがいに深く理解し合うにはなにが必要か。（第四章）

次に重要なのは、「視点」です。
視点が変われば、取り巻く世界が変わり、相手との関係性も変わります。（第五章）
そして、相手とよりよい関係を築くことができれば化学反応のように、関係するものが持つ力の総和以上のものを生み出すことも可能です。
そして、熱気すら生み出せます。（第六章）
後半の四～六章では、社会で成功するために必要な、相互理解、視点、相乗効果、熱気の生み出し方について、お話をさせていただきます。

第4章

相手の世界を理解すれば「価値」は生き残る

―違いを知る、そして受け入れる―

お客様はなにを求めているのか。

飲食業を営んでいる私たちがつねに考えなければいけないことです。消費者の感覚からすると、もちろん美味しいものをできるだけ安く食べられるに越したことはないのですが、求めているのはそれだけでしょうか。

企業が業容を拡大するためにとる方法の一つは、事業領域を広げることです。物販の会社が飲食事業に参入したり、飲料メーカーが健康食品を取り扱ったりするのはよくある話。

外食の領域にも今やスーパーやコンビニなどの中食が真正面から浸食してきています。

競争相手は、もはや外食企業だけではないのです。

なかでもコンビニの昨今の多様化には目を見張るものがあります。

これまでは、お弁当やおにぎり、パンなどのほか、必要最小限の日用雑貨を売っている便利なお店という感覚でしたが、おでんにはじまり、淹れたてのコーヒー、揚げたてのフライもの、総菜なども充実していて、外食店に行かなくても、持ち帰って家で食べて十分満足できるくらいのクオリティです。

このような厳しい環境のなかでは、戦い方を変えていかないといけません。

生き残るには、

領域を広げて勝負するか、

もしくは、

元来の事業の持ち味をより深めるか、

二つに一つしかないのでは、と思います。

外食の持ち味をより深めるには、どうすればよいのでしょうか。

「**外食の最後の砦**」になるのは、お客様との接点にある「**人の存在**」でありその「**温**《ぬく》**もり**」ではないかと思います。

飲食店だからこそ体験できること、を増やしていかなければ優位性は保てません。

では、どうすれば「人の存在」や「温もり」を表現できるのでしょうか。

お客様や人とどんな関係性を築けば理解されるのでしょうか。

この章では、**相手を理解し、理解される方法、関係の築き方、そしてそれがどう広がっていくのか**についてお話ししたいと思います。

相手は何者か　認識が変わるきっかけ

梅雨の季節。雨が続いて、心も晴れない日があります。

「今日も雨か、ジメジメした季節はいやだな……」


と思うこともありますが、水の恵みに感謝し、喜びをわかち合っている人もいるはずだと思い、その人たちの笑顔をイメージすれば、雨の日もプラスに受けとめることができるのではないでしょうか。

そんな、**受け止め方が変われば認識も大きく変わる**……、という話をしたいと思います。

たわいもない事例で恐縮ですが……。

妻と二人で住んでいたころ、マンションの隣人にクレームを言いそうになることがありました。

毎晩、寝ようとすると、隣の家から「ゴソゴソ、ゴソゴソ……」と物音がするのです。外からではなく、隣の家からの物音に違いなく、それが気になり、眠れないこともありました。

「なんて非常識なんだ。何時だと思っているんだ！」

「疲れているのに、寝れないじゃないか！」

とイライラして、いつか隣人に会ったらクレームを言ってやろうと憤っていました。

それからほどなくして、隣人と出くわす機会がありました。

ドアを開け、外に出ようとしたとき、お隣も同じタイミングで外に出てきたのです。

チャンスとばかり、文句の一つも言ってやろうと思った瞬間……、足元に小さな白い物体が近寄ってきました。

それは、ゴールデン・レトリバーの仔犬《こいぬ》でした。

「あの物音は、お前の仕業だったのか……」

気がつけば仔犬の目線までしゃがみ、両手で耳の当たりを撫《な》でていました。

それ以降、隣の壁からの「ゴソゴソ、ゴソゴソ……」という物音すら愛らしく感じられ、あのワンちゃんもまだ眠れないのかな、と思うようになりました。

毎晩の物音が小さくなったわけでも、なくなったわけでもありませんが、それがストレスではなく、むしろ微笑ましい出来事になりました。

同じ事象でも、捉えようでここまで変わってしまうのです。

これは、偶然の産物かもしれません。

でも、相手の状況をしっかり理解できれば、認識も大きく変わるのです。

二つの真実　苦手を克服する方法

どんな職場にもコミュニティにも、

「ちょっと苦手だな」

と思う人はいますよね。


でも、私には、苦手な人、嫌いな人はいません。

そう話すとたいがい驚かれ、

「え？　じゃあ、どんな人でも好きになれるってこと？」

と言われます。

すべての人を好きになるということではなく、「苦手な部分」を持つ人はいますが、その人のことを避けたり嫌いになったりはしない、ということです。

なぜかというと、誰しも、「二つの愛」をもって生きているからです。

なんだか、変な方向に行っているぞ、と思いましたか？

大丈夫です。ついてきてくださいね（笑）。


以前、とても高圧的で、ぐいぐいくるタイプの人がいました。

「なんで！　根拠は？」

「そんなんじゃ困るね。○日までにきっちり説明して！」

などというふうに詰め寄られることも多かったので、そのたび、

（わぁ〜、嫌だなぁ）

と思っていました。


でも、あるときその人と話していて、お子さんの話題になったとき、普段と違ってとてもやさしい目になったんです。

私と同じで、単身赴任をしていて、なかなかお子さんとコミュニケーションをとれないので、通勤途中、歩いている間に電話をしていて、それがなによりの癒しになると。

そんなことをとても柔らかい表情で話してくれたんです。

仕事場では厳しくしていても、こんな面もあったんだ、と少し見方が変わりました。

ほかにも、趣味の釣りの話をしているときは、イキイキと目を輝かせるとかありますよね。

それぞれに愛する人や、愛する時間、心地よい空間や趣味などがあって、それに触れているとき、また、そのことを話しているとき、誰しもいい顔をしていると思います。

それは、取ってつけた笑顔ではなく、その人の内側から自然に湧き出るもの。

そんな表情に触れる機会があると、どんなに苦手でも、とても悪い人とは思えず、嫌いにもなれないのではと思います。

もうひとつは、「愛されている」ということ。

人が生まれるとき親をはじめ、その命の誕生を心待ちにしてくれていた誰もが、「ただただ、元気に生まれてくれさえすればいい」

と願ったはずです。

つまり、待ち望まれて、愛されて生まれてきたということ。

誕生のとき、そばにいてくれた人だけでなく、その後も出会いがあり、心を通わせてあなたのことを大切に思ってくれる人はいます。

遠くにいたり、もしかしたら、この世にはいないかもしれませんが、かならず愛してくれる人はいるということです。

人は、この二つの愛に支えられて生きている。これは、紛れもない真実だと思います。

あのイヤな（?）上司にも、幼少時代があって、一杯愛情を注いでもらったのかなとか、休みの日はなにか趣味に没頭しているのかな、などと思い浮かべてみてください。

そんな観点で人と接すると、少し見方が変わってきませんか。

違いを知る、そして受け入れる

気の合う人のことならいくらでも理解できますし、自分のことも理解してもらえるでしょう。

「阿吽《あうん》の呼吸」という言葉もあるように、好きなこと嫌いなことをちゃんと把握してくれて、思っていることも察知してくれたりするとストレスもなく、自然と心も和みますよね。

でも、気の合う人ばかりが周りにいるわけではありません。

むしろイヤな上司とか、苦手な人のほうが多いのではないでしょうか。

さきほどちょっと違った見方をするというお話をしましたが、なにかきっかけがないとなかなか難しいものです。

ここでは、**そもそも相手との違いを認識するところから理解がはじまる**、というお話をしたいと思います。

私が以前勤めていた会社で（そこも外食企業でしたが）合併を経験したことがあり

ます。

それまで別々の会社に属していた社員がある日から同じ会社の社員ということになるのです。

これまで別々の家、家庭に住んでいた人たちが、ある日から一つ屋根の下で生活をはじめるようなものですから、すぐに溶け込めるはずがありません。

まず、困ったのは言葉が通じないこと。

もちろん、どちらかの会社が英語やドイツ語を使っていたわけではありませんが、外食事業の会社と卸売の会社の合併でしたので、使っている言葉が違います。また、専門用語や略しているものもあったりして、最初は会議でも「それ、どういう意味ですか？」というようなやりとりがあったくらい。

また、それぞれの会社に特有の文化のようなものがありました。

たとえば、しょっちゅう部署内の飲み会がある、みせしめに大きな声で叱る、休日出勤は当たり前、報告・連絡は基本メール、予定の登録・変更は本人確認がなくてもＯＫ、などなど。

一つ一つは、細かいことですが、習慣が違えば違和感が生じます。そんな違和感があったからか合併から少しして辞めていく人もいましたし、トラブルのようなこともなかったわけではありません。

合併した二社をA社とB社とすると、最初は、元A社の○○さん、元B社の○○さんというふうに個人と接する場合もそんな感覚でした。

でも、徐々に打ち解け、隔たりがなくなるのを肌で感じられるようになりました。

それは、時間が解決してくれただけではなく、

「それぞれに違っていいんだ」

という思いが芽生えたからだと思います。

最初は、二つのものを一つに、融合させねばと思っていましたが、それができることもあるし、できないこともある、ということを肌で感じとっていったからです。

また、人との関係も、一緒に仕事をし、たがいに新たな経験を積み重ねていくなかで、元A社とか元B社ということではなく、一人の人、としてみることができるようになりました。

むしろ、以前同じ会社にいた人より仲よくなった人もいるくらいです。

相手のことを理解する、というのはとても大事なことですが、それと同時に「もともと違いがあるんだ」という認識を持つことも重要です。

合併した先は、上場会社でしたので、二つの会社が合併することによるシナジーについて、対外的に説明する必要がありました。

外食企業と卸売企業の合併でしたので、外食店舗で仕入れる食材が安価になり利益貢献できるとか、卸売企業で運営していた一部の飲食店にノウハウを注入できるなど、いろいろありましたが、今思えばそれらは従業員一人ひとりがたがいを理解し、本当の意味で融合できてから成し得るものだということです。

一＋一＝二という単純なものではなく、一という可能性をもったものをうまく掛け合わせることで、一〇にも一〇〇にも成り得えます。

そのスタート地点にあるのは、「**違いを知り、受け入れる**」ことなのです。

シナジーはそこから時間をかけて生み出していけばいいのです。

お客様と対峙する

先日、

「なぜ、スタバはほかのコーヒー店と比べて心地よいのだろう」

という話題になりました。

商品やサービスの質が高いからと言えばそれまでなのかもしれませんが、心地よさを生む理由の一つに
「一人ひとりとしっかり向き合って、接客している」

ことがあげられるのでは、という結論にいたりました。

私も月に何度もスタバを利用します。

丸亀製麺と同じように行列ができていることもありますが、どこのお店でも、スタッフの方はいらだった表情を浮かべることもなく、一人ひとり丁寧に接客しています。

あらためて考えると、

「そうか、しっかりお客様と対峙しているんだな」

と気づかされました。

相手を理解する上で、向き合うというのはとても大事なことです。

たとえば、小さい子どもと話をするとしましょう。

しゃがみ込んで、目線を同じ高さに合わせて、話を聴く人は多いかもしれません。

それは、大人と子どもだと語彙力もコミュニケーション能力も違いますから、自然と聴く姿勢を整えるのでしょう。

でも、相手が自分と同じ大人ならそうもいきませんよね。

しかも、コミュニケーションをとる相手と二人っきりということはまずありません。

常時、人が入り乱れて、情報も行きかっているなかでも、しっかり相手と向き合い聴く姿勢ができれば、相手の存在を認めることができます。

丸亀製麺ではどんどんうどんを盛りつけ、機械的に提供するということはしていません。
できるだけ
「あなたの商品を今おつくりしました」
というように、お客様一人ひとりにできたてを提供するよう心がけています。

これは、お店自体でも同じです。

丸亀製麺は、国内で一〇〇〇店舗を目指していますが、それは、チェーン化された同じようなお店が一〇〇〇店あるのではなく、それぞれに特徴を持つお店が一〇〇〇店集まるという考え方をしています。

つまり、一〇〇〇分の一ではなく、一×一〇〇〇ということ。

数百店という規模になれば、チェーン店と言われることがほとんどですが、私たちは、「チェーン店」

という言葉があまり好きではありません。どうしても紋切り型で個性がないように感じてしまうからです。

ですので、個性を持った専門店が、全国に存在するという感覚を大事にしています。

どこにでもある同じようなお店ではなく、その地域に住んでいるお客様にとって欠かせないお店にならなくてはいけない、と思っています。

これは、お客様一人ひとり、それぞれの地域地域に目を向ける、ということです。

そうすることで、

「ちゃんとみてくれている」
「ちゃんと私たちのことをわかってくれている」
という信頼感や安心感につながるのではないでしょうか。

自らが変わるからみえるものがある

コミュニケーションは、ドッジボールではなく、キャッチボールという言葉を聞いたことがあります。

一方的に伝えたいことを伝えるのは、ドッジボール。

双方に思いを伝えあい、理解し合うのが、キャッチボール。

ときには、うまくボールが届かないこともあるでしょう。

自分の考えや思いを押しつけたり、相手を変えようとするのではなく、**相手を理解するには、まず自分から変わることが必要です**。

言うは易しで、なかなか実践するのは難しいのですが（笑）。

会社勤めをはじめて間もないころ、先輩に

「会社にかかってくる電話は、すべて自分が社長のつもりでとりなさい」

と教わりました。

一日どれだけの数の電話が鳴っても、それは一本一本の積み重ね。数をこなすような仕事をしてはいけない、という教えだったと思います。

学生時代創作料理店でアルバイトをしていたときも同様の気づきがありました。

そこは、一五〇席くらいのお店でしたが、多いときで三〇〇人以上のお客様が来店するという大阪でも有名な繁盛店でした。

私は、ホールを担当していましたが、オープン前の仕事は、店内の掃除やおしぼりを巻いたり、サーバーなどのセッティングなどたくさんあり、なかでも重要なのは、お通しの準備でした。

それは、お客様がお席についてすぐお出しできるように、調理済みの簡単な料理を小鉢に盛るという仕事です。

夏場は、枝豆とか簡単なものもあるのですが、胡麻豆腐の上にあしらい（器に盛りつけた料理を一層引き立てるために添える野菜類や花などのこと）を乗せたり、きんぴらごぼうや総菜を盛りつけたり、少しセンスが問われるものもなかにはあります。しかも、一人で数百もの盛りつけをするので、たいへんです。

あるとき、料理長にひどく叱られたことがありました。

「今日のお通し、担当したの誰？」

「はい、僕です」

「こんなのじゃダメ。汚いよ。全部やり直し！」

（えぇ～！　せっかく頑張って盛りつけたのに……）

と思いましたが、仕方ありません。

お店の開店時間も迫っているなか、大急ぎで、かつ丁寧にやり直しました。

後で、その料理長が教えてくれたのは、

「**お客様の世界は狭い**」

ということ。

私は、数百ものお通しをまるで流れ作業のようにつくってしまっていたのです。

でも、その一つひとつは、お客様に提供されるもの。

三〇〇分の一

のお通しでも、お客様にとっては、

一分の一

目の前にあるものがすべてなのです。

毎日来てくださるお客様が数百名でも、それは、一人ひとりの積み重ねであって、数をさばくような仕事をしてはいけないということです。

当たり前のことかもしれませんが、それを指摘されるまで気づきませんでした。

それからは、見方が変わり、認識も変わりました。

いま、目の前で盛りつけているお通しは、お客様一人ひとりに提供されるものなんだ。もしかしたらそのお客様は、今日の食事を心待ちにして仕事を頑張ったかもしれないし、この店で恋人との大事な時間を過ごすかもしれない。そんなふうに思うと、わずか数百円のお通しが、お客様に一番最初に提供するとても重要な料理にみえてきました。

大げさに言えば、**相手の立場を理解し、相手の立場に立って物事をみることができたから、新たな関係が生まれた**のだと思います。

人にしかできないこと
求めているのは、ふれあい

最近よく聞かれるのが、採用難の上、人件費が高騰し続けているなか、対策として機械化や自動化は検討しないのか、というもの。

たとえば、丸亀製麺で天ぷらを揚げる機械を自動化してオートフライヤーを導入したらどうでしょうか。

人件費は削減できるかもしれませんが、手づくり感がなくなるだけでなく、活気もお客様と従業員との会話の機会も少なくなり、丸亀製麺の持ち味が失われてしまいます。

ですので、オートフライヤーに限らず、お客様からみえるキッチンや客席での自動化や機械化は一切していません。それをしてしまうと丸亀製麺ではなくなってしまうからです。

しかし、世間はどうでしょうか。

どんどん機械化、ＩＴ化、ロボット化が進んでいます。

世の中が便利になっていくのはよいことですが、いっぽうで失われるものもあるのでは、と思ってしまいます。

先日、ＪＲのみどりの窓口で並んでいるとき、前にいた老紳士が自分の順番がきたのにもかかわらず先に譲ってくれました。

窓口は二つあり、どうやら空いたほうと違うもう一つの窓口が行きつけの場所だったようです。

その紳士の順番が回ってきたので、会話に耳を澄ませていると、大井町から品川までのわずか一駅（一七〇円区間）の切符を購入するために窓口に並んでいるようでした。

もちろん交通系の電子カードを持っていれば改札を通れますし、券売機もあります。なのになぜ？　と思いましたが、ほかに目的があったようです。

切符を買うやり取りをしながら窓口の駅員さんに

「この間風邪をひいたって言ってたけど、もう治った？」

「また、花粉症の季節だね。厄介だね。気をつけて」

などと会話をしていました。

どうやらそれがメインだったようです。
ひととおり会話をして
「じゃあ、また来るね」
と去ってきました。

また、あるときとあるデパートの入り口で鮮魚が売られていました。

通常より少し安いのかもしれませんが、お客さんが列をなし飛ぶように売れていました。

額に鉢巻をした威勢のいいおじさん（店員）が、

「今日は店頭で販売をさせていただいております。お買い上げいただいたお客様には、特別に笑顔と握手がついてきます！」

と言って、お客さんに商品やおつりを渡すときに満面の笑みで握手をしていました。

お客様も笑顔になって、満足げに帰っていく光景を眺めつつ、とても大切なことに気づかされたように感じました。


お客様は、人とのふれあいを求めているのだな、と。


笑顔も握手も会話も全部タダ（笑）。

なのに、人は引き寄せられるのです。面白いものですね。

商売の原点をあらためて認識させられました。

A店とB店で同じものが同じ値段で売られているなら、感じのよい店員さんのいるところで買おうと思うのが心情。

仮に少しくらい高くても、なにかメリットが感じられればそちらを選ぶかもしれません。

消費者は、心を動かされるほうを選んでいるのです。

世の中は、どんどん便利になっていきます。それは止められません。でも、失われるもののなかにとても大切な、本来人間にとって不可欠なものが潜んでいるのかもしれません。

そこに商機があるのかもしれませんね。

「聴く」効用　センターピンはなにか？

「きく」には、「聞く」と「聴く」があります。

「**聞く**」は、自然に耳に入ってくる。ただ単に聞く、というような意味。

いっぽう、「**聴く**」は、聞こうとして聞く。進んで耳を傾ける。注意深く聞く。という意味。

ただ単に聞いているだけでは、上辺だけの情報しか入ってきません。

相手をしっかり理解するには、意識して「聴く」ことが大事です。

「聴く」という漢字は、耳へんに「十四の心」と書きますので、それくらい心を込めて聴くという意味と教えてもらったことがあるのですが、漢字から紐解くとどうやら違うようです。

「聴」は、中国語では「聽」と書くそうです。

耳へんに、右側は上から「十」「目」「一」「心」。つまり、耳だけでなく、十分に目を使って相手をみて、一心に聴くことが大切だということだそうです。

ちなみに、「徳」という文字の中国語は「德」。「十」「目」「一」「心」、右側が「聴」と同じですね。

「徳を積む」という言葉がありますが、相手の言葉に、誠実に耳を傾けることは徳行の一つということなのでしょうか。


私がトリドールに入社してすぐ割り当てられた仕事は、店舗のスタッフへのヒアリングでした。

月初になると前月の業績が出揃います。既存店売上の好調、不調それぞれ上位、下位の二〇店舗をピックアップして、その理由をヒアリングするというものです。

たとえば、こんな具合に……。

「前月に続き、既存店売上が一〇三・八％と非常に好調なのですが、なにか要因として考えられることはありますか？」

「今月に入って、既存店が九六・八％と少し苦戦されているようですが、その理由について把握していることとかありますか？」

なかには、

「いや〜、とくになにもしてないんですけどね。お客様も来てくださってますし、喜んで帰ってくださいますし」

とか

「昨年は、台風が来て売上が落ち込んだので、その反動でいいんです」

「昨年は、ショッピングセンターが一〇周年でイベントをしていたので、売上がよかったのですが、今年は厳しいですね」

「近くに競合店がオープンして、キャンペーンをやっていたので、お客様が流れてしまった」

などなど。

こんなふうに外部環境で左右されることもありますので、なかなか「宝」がみつからないこともあります。

しかし、掘り下げて聴いていくと
「パートナーさんが自主的にミーティングをして、課題を共有してテーマをもって日々取り組んでくれている」

「新しく入った人に対して、厳しくも温かく、皆でフォローして育てようという文化がある」

「エリアのMGが一日数回電話をしてくれて、いつも気遣ってくれる。それが心強い」

など、チームワークがよい店舗は相対的に売上がよいという理由が浮き彫りになっていくこともありました。

また、ショッピングセンターの場合は、人気の映画が上映されているときは売上が高い、ということが明らかになったり。

そうなれば、映画を観終わったお客様を誘導できないか、という次の打ち手が明確になることもあります。

「センターピンをきっちり倒すことが成功に繋がる」

というのは、センターピン理論。

このヒアリングの趣旨は、そのセンターピンを探す（本質を見極める）というもの。

そこから、水平展開できるものをみつけほかの店舗でも活かす。

一店舗での事例をそのままにしていてはもったいない。

財産は、共有してはじめて価値を生むのです。

これは、成功事例に限ったことではありません。

ワースト二〇位の店舗にヒアリングするのには、同じ失敗を他店で繰り返さないためです。

それも宝の一つです。

野村克也さんの有名な言葉に

「勝ちに不思議の勝ちあり。負けに不思議の負けなし」

というものがありますが、「失敗」にこそ大きな宝が潜んでいるのかもしれません。

丁寧に探し掘り下げていくことで、かならず共有できる「宝」に出くわします。

当時三〇〇店舗以上ありましたので、それぞれの店舗で創意工夫していることや失敗事例を集めれば、相当なノウハウになりました。それも成長を支えた地道な取り組みであったように思います。

心の扉を開くノブは内側にしかない　心を開くきっかけ

駅の階段を上るとき、重い荷物を持ったおばあさんがいたら、その荷物を持ってあげようかなとか、また、妊婦が電車に乗ってきたら、席を譲ってあげようとかいう思いは働くものです。

それは、重い荷物を持っているとか、お腹が大きいとか目でみてわかるから、具体的に手助けすることができるのです。

でも、心のなかは、みえません。

表情から察知することもできるでしょうが、どんなことで悩んでいるのか、またそれがどれくらい深刻なものなのかはわかりません。

でも、人は心を動かして生きている生身の人間です。

心のなかがすべて透けてみえてしまうのも困るでしょうが、みえないからこそ、具体的なケアができず悩みに発展するのかもしれませんね。

では、**心のなかを知るには、どうすればいいのでしょうか**。


それは、心を開くこと。


開くとは、心の内を開示するということです。

「では、どうぞ」とパカっと開くことはできませんので（笑）、**心の内にあることを話す**ということですね。

腹を割って話すというように、たがいに心の内を表に出すことで、理解し理解される関係になります。

でも、いきなり相手が心を開き、内になるものを話してくれることはありません。

ですので、**まず自己開示が必要**です。

私は二〇年以上も外食の業界で仕事をしています。

丸亀製麺のようなお昼の時間帯に集客し、売上をあげる業態はまだいいほうですが、前職で経験した居酒屋業態の現場では、午後から仕事がはじまり深夜に及ぶということもありました。

また、土日や祝日も休みが取りづらいので、主に平日の朝から夕方まで仕事をするスタイルの人とは時間が合わなかったり、家族と接する機会が少なくなったり、いろいろ悩みもありました。

周りには、そういう環境で仕事をしている人ばかりでしたので、あまり言いたくないのですが、家族とすれ違いが多くなり離婚する人がたくさんいました。

細かいデータを入手したわけではありませんが、外食などサービス業の離婚率は高いようです。

なので、人間的には素晴らしいのですが、離婚をきっかけに悩みが深くなり、本来のパフォーマンスを発揮できていない、というような人もたくさんいました。

そんななか、なにか自分が役立てることはないかと思い、心理学に興味を持ちました。とても安易ですが、自分がカウンセラーになれば、周りの人をケアできるのではと思うようになり、いつしか心理学の勉強をしたいな、と思うようになりました。

その思いを実現させるための場を探しているとき、日本メンタルヘルス協会に出会いました。

同協会から取り寄せたパンフレットに興味を持ち、さっそく体験セミナーを申し込みました。

そのセミナーの講師をされていた代表の衛藤信之先生の話はとにかく面白く、約二時間半のライブはあっという間に終わりました。笑いあり涙ありの話に感動しただけでなく、新たなことを学ぶことで、自分の世界を広げられるような気がしたのです。すぐに基礎コースと言われる、一二講座を最短で受講し、迷うことなく次のステップであるプロコース（より専門的なカウンセリングのスキルや技法を修得するコース）に進みました。

それは、七か月間（当時）毎週異なるテーマで学ぶというもので、仕事をしながらの受講はハードではあったものの、学生時代に戻ったような新鮮さがありました。また、それぞれに立場や環境の異なる人が集まり学び合ったお陰で、同じ釜の飯を食ったではありませんが、同期の仲間とは、深い関係を築けました。

当時は、フェイスブックがまだ主流でない時代でしたので、講座がはじまってまもなく同期をつなぐメーリングリストが立ち上がりました。

一人がメッセージを送ると皆と共有することができます。

一人から何本もの糸が放たれ、それをそれぞれが持っているような状態です。

最初は、ぎこちない自己紹介のようなものからはじまりましたが、時間の経過とともに、自己開示をするようになりました。

このコースに進み勉強しようと思ったきっかけ、その背景にある悩みや望みなど。それだけでなく、過去のつらい体験、誰にも話せなかったことなどを話せるようになりました。

私も積極的に投稿し、また、メンバーの投稿にもかならず返信をするようにしました。

そうするなかで、いつしかそれぞれが同意し、共鳴することで、どんどん絆は深まっていきました。

縦の糸はあなた　横の糸はわたし
織りなす布はいつか誰かを
暖めうるかもしれない

『糸』中島みゆき／作詞・作曲

中島みゆきさんの名曲「糸」の歌詞にあるように、それぞれから放たれた糸がどんどん太くなって、それぞれを包み込んでいくような感覚でした。

同協会の講座で、「**心の扉を開くノブは、内側にしかない**」と教えていただきました。**まずは、自己開示をして、心を開いていく。**相手を理解し、理解される上で、とても大事なことですね。

真っ先に思い浮かぶ存在に！

丸亀製麺の客層は、平日と週末とでは大きく異なりますが、非常に広く、小さなお子様からお年を召した方までたくさんの方にご利用いただいています。

また、

「週に二〜三回利用している」

「職場の近くにあるが、住んでいる近くにないから、つくってほしい」

などというお声をいただくと本当に嬉しくなります。

うどんは、日本に古くからある食べ物ですし、大衆性もあります。

しかも、客単価も五〇〇〜六〇〇円程度。限られたお昼休みの時間でもパッとすばやく食べていただく手軽さもあります。

日常に根付かせる、というのは大きなテーマです。

うどんを食べたいと思ったら、真っ先に丸亀製麺が浮かぶという存在になりたいと思っています。

丸亀製麺以外のブランドも同じです。

なかには、客単価が一〇〇〇円を超える業態もありますが、あくまでもその地域の消費者の方に日常的に利用いただきたい、と思っています。

それは、海外でも、M&Aを検討する際も同じ。

顧客層の多いボリュームゾーンを狙える業態を開発したり、グループに取り込みます。

親しみやすい価格で、高頻度でご利用いただくビジネスモデルなのです。

どの業態もありがたいことに、大半は日常的にご利用いただいているリピートのお客様で成り立っていると思います。

しかし、そのようなお客様も当然最初からリピーターであったわけではありません。

国内の丸亀製麺は、お陰さまで、全国に店舗を展開させていただき、認知も徐々に上がってきていると思いますが、とはいえまだまだ丸亀製麺を知らない、利用したことがないという方はたくさんいらっしゃいます。

我々は、

まずは知ってもらう（再認識してもらう）

興味をもってもらう

さまざまなフックを準備して、お店に足を運んでいただく

手づくり・できたてを体感していただく

そこで、感動をしていただきリピートしていただく

という順番で取り組んでいます。

もちろん、クオリティを維持し、リピートしていただくお客様にも満足し続けていただかなければいけませんので、ゴールはありません。

第5章

世界の見方が他者との関係を決定する

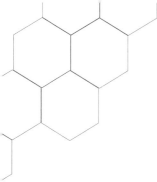

―視点を変えればみえるものがある―

よく受ける質問で、

「丸亀製麺は、うどん市場のなかで、どのくらいのシェアをしめているのですか」

というのがあります。

どんな企業も属する業界には市場規模があり、そのなかでいかにして事業規模を拡大していくか、ということにしのぎを削っています。


私の中学時代の同級生は居酒屋を何店舗か経営していました。

彼がこぼすのは、

「儲けを増やそうと思って、仕入れを安くしようとすると取引業者さんを泣かすことになる。立ち行かなくなって業者さんが儲からない。

自分のお店にお客さんが来てくれるのは嬉しいけど、自分ばかり儲かれば繁盛しないお店はつぶれてしまうので、それもよくない」

と話していました。

自分の幸せだけを考えず、周りにも目が行って素晴らしいなと思いましたが、「ん？」

と少し首をかしげてしまいました。

どこかが成長すれば、もういっぽうは衰退する。**限られたパイを奪い合うという発想**ですね。

市場規模自体も変わりますし、市場のなかでの自社のシェアも変化します。

外食業界も人口減少とともに縮小し、中食や内食にその市場は奪われています。

では、外食事業に未来はないのでしょうか。

外食産業のなかにも成長している企業はたくさんあります。

そんな企業（お店）は、不景気だからとか、人口減少しているからと言いわけをしているでしょうか。

もちろん外部環境が厳しければそれなりの影響は受けますが、消費者のニーズやウォンツをしっかり捉え、応えることができれば、消費者に支持され繁盛させることができるのです。

消費者は、「価値」があると感じるものにお金を払います。

そんな繁盛店ばかりが存在すれば、市場はどうなるでしょうか。

きっと、市場自体が拡大していくはずです。


確かにそれぞれの業界の市場は限られているかもしれません。

でも、広げられる可能性があるとすれば、奪い合うという発想はナンセンスですよね。

海の水を奪い合うようなものです。

その発想を変えれば、「大きさが決まっているパイを奪い合う」という考え方から抜け出し、無益な競争を避け、多くの同業他社と一緒に成長することができます。

競合相手がいるのは、どの業界でも同じですが、目を向けるべきはなにかに注目しましょう。

私の同級生はまだいいほうで、同業他社をつぶすためにわざわざ隣に同じ業態のお店をつくるなんてこともある。

利用するお客様、地域の人にとってプラスではないですよね。

お客様が本来楽しむべき市場を企業が勝手に修羅場にしてしまっているだけです。

目を向けるべきなのは、
市場に対してなにを提供できるのか
もう一つは、お客様である消費者がなにを望んでいるのか
ということではないかと思います。
ものの見方が変われば、自分（自社）を取り巻く世界の見え方が大きく変わります。
この変化は、パラダイムシフトと呼ばれます。
それは、時代が変わっても変わらない「価値」に成り得ます。

この章では
・展開する市場
・お客様（消費者）
に対するさまざまな視点を紹介します。
さらにどのように視点を変えればあるべき関係を築くことができるのか、深めていきたいと思います。

視点を変えればみえるものがある
部門を超えたプロジェクト

私は日ごろ、経営企画室という部署で仕事をしていますので、かかわりのある分野のことはわかっても、**ほかの部署の人がなにをしているのか、また、どんな課題に取り組んでいるのかなどほとんど知りません**。

規模が大きい企業などは、分業化も進んでいますので、それが顕著かもしれませんね。でも、会社全体に目を向けると会社が抱えている問題や課題は、一つの分野、部署にだけかかわりのあるわけではなく、多岐にわたります。

そんなとき、どんな視点を持って、取り組んでいけばいいのでしょうか。

ここでは、当社だけでなく、外食業界全体が抱えている問題に対してどのように取り組んでいるか、という話をしたいと思います。

人件費が高騰するなか、どの企業も人材の確保・採用をどうするのかが大きな課題になっているでしょう。

丸亀製麺は、地方のロードサイドに立地する店舗が多く、主婦の方など比較的高年齢層の方が活躍していますので、人材難ではありません。とはいえ人件費の増大や人材の確保は非常に大切な課題なのです。

入社いただく方に長く従事して活躍してもらうのが会社にとっては一番望ましいのです。長くいてくださる方が率先して教育もし、全体のレベルが向上すれば、いい循環ができ、採用費や教育費が徐々に下がっていきます。

働き方改革が謳われるなか、制度の見直しや、環境改善を図り離職を食い止めようとしている企業も多いのではないでしょうか。

我々もそんな課題を解決すべく、離職を防止するためのプロジェクトを立ち上げました。

結婚や出産、または理想の職場をみつけることができたなど、ポジティブな理由で退社するケースもあるでしょうが、それ以外はなにか問題が潜んでいるのです。

人には、それぞれの持ち場、役割がありますので、自分のいる場所を中心に物事を考えてしまいます。

人が辞めていく、という事象に対し、たとえば店舗にいたら

「もっと人をたくさん採ってくれれば余裕をもって教育ができるのに」

「即戦力になるようなもっといい人材をとってほしい」

というように。

いっぽうで、採用の担当者は、

「こっちは一生懸命採用しているんだから、しっかり育てて辞めさせないようにしてよね。辞めたらまた採用する、そのスパイラルから抜け出せないよ」

と思っているかもしれません。

自分のいる場所以外のところしかみえないというのは当たり前かもしれませんね。風通しのよくない会社ほど、「うまくいかないのはあの部署のせい」と言って、改善がなされないと言われます。

でも、「他からの視点」が欠けていては、いつまでたっても物事の本質はみえません。だから、根本解決にはならないのです。

トリドールでも、離職に関して、そもそもその原因がわからなかった。それをしっかり追究もしていなかった。

そこで、教育・採用・営業部・人事の担当者が二〇名ほど集まって部門横断型のプロジェクトを立ち上げたのです。

まずは、憶測でもいいので、「離職の理由として考えられるもの」をどんどん出していきました。

「エリアを越えた転勤があるから？」

「現場でのケアが足りていないのでは？」

「せっかくできた制度が浸透してない。そもそもわかりにくい」

などなど。


それらは一〇〇個以上集まりました。そして、カテゴリ別に分けてグルーピングして線でつないでいく。

そうするとなにが問題かが一目瞭然で、プロジェクトのメンバー全員が理解できるようになりました。


カテゴリに分けられたのは、四つ。


「採用ギャップ（採用時と勤務内容にギャップがある）」

「教育ギャップ（勤務内容とスキル習得が不一致）」

「キャリアギャップ（目指すべき像とズレがある）」

「制度ギャップ（介護、育児等のライフイベントに対応）」

こうすることで、離職要因の構造について理解が深まりました。
そして、ギャップの発生個所を特定し、改善策を講じていきました。

たとえば、これまでは、採用担当者が最終面接に出て判断していたのに対し、営業部長が入るようなったり、同期採用者を複数名同じ店舗に配属したり、トレーナーとトレーニー両方にアンケートを実施し（これまではトレーニーだけ）満足度を点数化してデータ化するなど、具体的な改善策も出て、すでに実行されています。

まだ、はじまって間もないのですが、離職のペースが目にみえて減りました。

視点を変え、課題の本質が明確になった効果が出てきています。

同じ方向に向かう　新たな関係性

ビジネスシーンでもｗｉｎ－ｗｉｎという言葉はよく使われます。

争わずどちらもたがいがハッピーになれたら最高ですよね。

ゲームではありませんので、どちらかがかならず「負け」ということはありません。

自分が勝ち、相手も勝つ。

たがいに助け、助けられる関係と言い換えてもいいかもしれません。

ほとんどの商売は、なにかを仕入れ、それに付加価値をつけて売ることで成り立っています。

そこには、売り手と買い手が存在します。

売り手と買い手の関係性のなかで、ｗｉｎ－ｗｉｎは成立するのでしょうか。

お金を支払う買い手はお客様と言われますので、一般の消費者をイメージしがちですが、ここでは、**食材の売り手（販売元や生産者）、それを仕入れる店舗（企業）という関係性のお話**をしたいと思います。

丸亀製麺は、食材にも手を抜きません。わが社にはつねにお客様の喜びを求めて、探求する文化があります。

ここでちょっとお店のなかを覗いてみましょう。

丸亀製麺はセルフスタイル形式のお店です。讃岐うどんを気軽に味わっていただくための仕掛けがたくさんあります。

まず、お店に入るとうどんを注文するカウンターがあります。

うどんは麺が伸びないようすぐに受け取ることができます。そして、横に並ぶ天ぷら・おむすびをご自身でお皿に取っていくのです。天ぷらは、通常一二種類程度が並んでいます。

一番人気のかしわ天（鶏むね肉の天ぷら）をはじめ半熟たまご天、ちくわ天や海老天、イカ天などもありますが、看板商品の野菜のかき揚げやさつまいも天、蓮根天など野菜の天ぷらも充実しています。

なかでも少しマイナーなオクラ天。通常のサイズは八センチくらい。その倍くらいの大きさのオクラを生産者につくってもらい、「ジャンボオクラ天として販売できないか」と考えました。こうして道なき道を切り拓いていくプロジェクトがはじまりました。

口で言うのは簡単ですが、世の中に流通していないものをつくるのはたいへんなことなのです。

そもそもそんな大きなオクラをつくれるのか……。商品が受け入れられるのか……。

そんな術《すべ》もわからないままスタートしたのです。

当然私たちだけでできることではありません。生産者さんにご賛同いただき、多大な協力を得なければ成し得ないことなのです。

生産者さんへの口説き文句は

「一六センチのジャンボオクラが当たり前の世界をつくりませんか。スーパーにも普通に並ぶようになって、これって、私たちが苦労してつくったのよ。昔はね八センチくらいのオクラしかなかったんだから、なんて言えたら素敵じゃないですか。そんなオクラを一緒につくりましょうよ」

と。

やや強引ですよね（笑）。

最初に取り組みをはじめたのは二〇一六年のこと。

まず、なにからはじめたかというと、種探し。

オクラのなかでも大きいサイズの種はなくはないのですが、それは一般に生産され流通することはありません。

なぜか？

長くなればなるほど固くなっておいしくなくなるからです。

もちろん私たちの求めているものは、倍の長さで、なおかつ今のサイズと同じくらいの柔らかさ。

まさに二律背反に挑戦したのです。

選んで植えたのは四種類。はじめての挑戦なので、できたものは固くてほとんど食べられなかったのだそう。

当然、出荷できるものをつくらなければ収入になりません。生産者さんは、それも覚悟で一緒に取り組んでくれました。

そして、二年目。

この年はまれにみる冷夏。雨が多く日照時間が短かったのです。

太陽が十分当たれば柔らかくなる。

つまり気温と日照時間が大事ということがわかりました。

当時、担当者あてに試作用のオクラが送られてきて、来る日も来る日も固いおくらを食べたそうです（笑）。

「本当にこんなことを続けていていいのだろうか」

と思い、不安になりながら。

でも、長くて固いオクラを、調理によって柔らかくできないか、と商品開発の担当者が協力してくれたり、生産者さんも根気よく付き合ってくれました。


「大丈夫。今度はきっとうまくいく！」

そんな言葉に励まされて迎えた三年目。

例年と比べて暑い夏。これなら、気温も日照時間もばっちり、これはいい！　と思ったのですが……。

水不足。うまくいかないものです。

水は必要なのはわかっていたのですが、こんな猛暑の水不足の夏には安定的に必要な水をまけるシステムを持つ生産者さんでないと求めているものはできないということがわかりました。

そして、そういったシステムのあるところでは、長くても柔らかいオクラができました。

三年目にしてやっと、です。

まだ、量が少ないので出荷できませんが、大きな手ごたえを得た瞬間でした。

そして二〇一九年、四年目の夏がやってきます。

果たしてジャンボオクラはできるのか？

天候などに左右されるので確証はないものの、この三年間のノウハウはしっかり蓄積されています。

協力してくださった生産者さんからも「今年は大丈夫！」と心強い言葉をいただいているそう。

それは、水を撒く時期や量、肥料選び、肥料をまく時期など、これまでの経験で調整できるので、ある程度はゴールがみえているのだというのです。

四度目の正直……、ジャンボオクラがお店に並ぶのも近いかもしれません。

ここで触れたいのは、道なき道を開拓しこれまで流通していないオクラができたということではありません。もちろん、それも素晴らしいことなのですが、できるかもわからない、**生産者さんからすれば儲けになるかどうかもわからない取り組みに賛同してくださったことがなにより尊いこと**だと思います。

買う側とつくって卸す側という関係性を超えた取り組みに価値があるんですね。

場合によっては、つくれそうもないものをつくれと無理難題を言ったり、とにかく安く卸してほしいとプレッシャーをかけたり、強者と弱者の構図ができることもあるでしょう。

でも、**自分たちだけの利益を優先せず、同じ方向に向かって一緒に取り組めた**ことが、かけがえのないもので、ジャンボオクラ以上の大きな収穫があったのです。

独自の視点を持つ

事業をおこなう場合、他社の成功事例を参考にすることはとても大事です。

もちろん、失敗できませんから、すでに成功しているところを研究し、マネるというのは手堅い方法です。

ただ、**それよりも大事なのは、自社はどこに向かっていくのか**、ということです。**個人の目標と同じ**ですね。

それがないと、いくら他社の成功事例を参考にしたとしても、行き着いた先が思っていたところと違う、なんてことにもなりかねません。

前例や固定的な考えにとらわれず、独自の視点を持てば、目指している方向に向かって取り組んでいるなかで、経験を積めます。それがオリジナルのノウハウになり、独自の成長を遂げることができます。

ここでは、トリドールの海外展開を事例に独自の視点を持つことの重要性についてお話しします。

企業は存続していく以上、成長をしていかなければいけません。規模の拡大だけを意味するのではありませんが、伸び行く市場を探し、そこで展開することを考えるのが通常です。

日本の外食市場は縮小していますが、海外の諸外国に目を向けると成長している国は数多くあります。その成長市場に目を向ける企業もまたたくさんあります。

トリドールも例外ではなく、二〇一一年から海外展開をしており、今では、三〇数か国に六〇〇店舗近く展開しています。

ハワイに海外一号店をオープンしてから、数年の間に海外に次々と拠点をつくり、その後もM＆Aを実施するなど、短期間で海外事業を拡大してきました。

私は、仕事柄投資家の方とミーティングをする機会が多いのですが、海外事業をはじめて間もないころは、同時に複数のブランドを展開しているその手法をなかなか理解してもらえませんでした。

「やみくもにこんなに出店してどうするの？　まずは一つの国に絞って、成功したら次の国に展開すればいいじゃないか」

「丸亀製麺が日本で成功したのだから世界に行くリスクを負う必要はない」

などと言われました。

また、海外展開する外食企業は増えていますが、進出先のほとんどは近隣のアジア諸国に限定されています。

まずは、国内市場のみの成長を考える、

次に世界に目を向けても、まずは、近隣のアジア諸国から展開する、

さらに、一国ずつ攻めていく、

という根拠はないもののなぜかとらわれてしまう固定的な考えがあるのだと認識させられました。

企業によって考え方も展開手法も違いますし、成功しているところもありますが、

トリドールはほかの日本の外食企業の海外展開とは完全に異なる方法をとっています。スケールは大きすぎますが、マクドナルド、スターバックスなど世界的なチェーン企業と似た戦略を採用しているのです。限定したエリアではなく、まさに世界中に店舗を持ちグローバルな展開を目指しています。

とてつもなく広がる世界の市場に視点は向いているのです。

もし、投資家の意見を聞いて、慎重に一国ずつ攻めていたらどうなっていたでしょう。海外展開をはじめてから八年以上がたちますが、たとえば三国の展開にとどまり、二国ではうまくいったけど、一国は失敗したというような状況かもしれません。

もちろんそれでもいいかもしれませんが、独自の視点で展開をしてきたからこそ得られたものもあります。

同時並行的に複数のブランドを展開して、一〇年経ったときに一五戦九勝六敗かもしれない。もしかしたら七勝八敗かもしれない……。

そう、負け越しになるかもしれません。でも、仮に七勝八敗だとして、七勝というすごい価値と八敗というノウハウを積み上げることができるのです。これは大きな価値だと思いませんか（もちろんそんなに勝率は悪くありませんよ）。それに、世界中にネットワークができるというメリットもあります。

「他人のマネをして成功するより、自分らしく失敗したほうがいい」という言葉があります。

失敗を容認しているわけではありませんが、**独自の視点で行動したほうが、オリジナリティのあるノウハウを積み上げることができます**よね。

我々より先に海外展開している企業はたくさんあります。**先人の知恵や経験に学ぶことは大事ですが、固定的な考えにとらわれる必要もない**のです。**独自の視点を持てば、まさに世界市場の見え方も変わり、そこにパラダイムシフトが起こります。**

目的はなにか？　本質はなにか？

トリドールは、これまでたくさんのＭ＆Ａを手掛けてきました。つまり企業買収です。

……。

確かに、企業買収というとあまりいいイメージはないかもしれませんね。力を持つ企業が業容拡大のためにどんどん企業を買っていくみたいな……。お金持ちが会社を買い物カゴに入れていくようなイメージをお持ちかもしれません。

最近では、ＩＴ関連企業によるスポーツチームの買収などもありますが、一般的には、同業他社が対象で、顧客層を広げるなど、販売網を広げる、つまりシェアを獲得するためにおこなわれることが多いのです。

業界二位の企業が五位の企業を買収し、シェアＮｏ．１になった、というように。

あとは、新規事業を開拓するにあたり、その分野に明るい企業を買収するというのもありますね。

でも、トリドールのM&Aはちょっと違います。

今では世界三〇数か国以上に店舗を展開していますが、事業規模を拡大してシェアを獲得したり、弱い分野を補完する目的でM&Aをしていません。

たとえば、世界中に飲食店を展開したいと考えているとして、アメリカにはまだ店舗がないとしましょう。

その場合、アメリカですでにたくさんの店舗を展開している企業を買収すれば、そのエリアに展開するという目標は一瞬で実現するわけです。

また、低単価のカジュアルレストランだけを運営している企業が、寿司など高級料理店を運営したいという野望をもっていたとします。

ノウハウもないしイチから開発するのは、難しい。それなら、高級店を運営している会社を買収すれば、これも一瞬で叶います。

トリドールは、このような感覚でM&Aはしていない、ということですでは、なにを基準にしているか？


それはズバリ業態の魅力です。

もちろん自社でも業態を開発します。丸亀製麺というブランドがヒットすれば、それに類似した麺業態、つまりわが社の「手づくり・できたて」のこだわりを表現できるような焼きそば業態、ラーメン業態、パスタ業態などを開発したように。


でも、自社開発だけに頼ってしまうと業態に偏りが出てしまいます。

それに、新たなブランドを一〇個開発してもヒットするのは、一個か二個という世界ですので、どんどん新しい業態をつくり実験するにも体力がいり身が持ちません。

いっぽうで、世間に目を向ければ魅力的な業態はたくさんあります。

流行りのお店、行列が絶えないお店など次々に出てきます。


こんな業態どうやってつくったんだろう？

どんな発想でできたんだろう？

なぜ、こんなに行列ができているんだろう?

そこで、自分たちでは到底つくれないけど、手づくりや臨場感を大事にしていたり、お客様が自らカスタマイズできたり、ポリシーが合うところにお声がけします。

「とても素晴らしい業態なので、一緒に世界に広めませんか?」と。

個人商店のまま短期間で成長を遂げた企業もあるので、なかには、これからどうやって展開していけばいいのか、なにに投資していけばいいのか、資金調達はどうすればいいのか、わからないという場合もあります。

そこは、すでに千数百店舗展開してきた実績があり、ノウハウも積み上がっていますので、それを活用しようという考えです。

M&A後も、経営者や組織体制を大きく変えないケースがほとんどです。

なぜなら、すでに秀逸なビジネスモデルがあって、その地域の消費者に支持されているブランドですので、わざわざなにかを変える必要はないのです。

よく、

「買収した海外のブランドを日本に持ってくることはあるのですか?」

とか、

「丸亀製麺に業態転換をして丸亀製麺の店舗数を増やすことはないのですか?」

などと聞かれることもありますが、適切な方法とは思えません。


繰り返しますが、今展開している地域ですでに人気を博しているので、なにかを無理に変える必要はないのです。いたってシンプルで合理的です。


買収する側が偉いとか優れているとかではないのです。

むしろ、対象となる企業(買収される側)のほうが、我々が自社でつくれないような業態をもって、繁盛させているのですから、優れているのです。

なので、強者が弱者を飲み込むとか、大が小を吸収するというような発想は一切ありません。

資本主義の世の中ですから、買うほうが強く、買われるほうが弱いという考えもあるかもしれませんが、そんなことは関係ない。

かかわった者同士が結果ハッピーになれるか、が重要です。

そうでないと意味がないですし、世の中はいつまでたってもよくなっていきません。

「どれだけお客さんを笑わせるかで勝負しようよ」

と志村けんさんがビートたけしさんに話したというエピソードがあります。

かつて、自身がメインで出演する番組で視聴率を競いあっていた志村さんとたけしさん。ご本人同氏は仲がよいそうですが、熾烈な争いをしているように世間はいろいろ書き立てたようです。

普通なら仲が悪くなってしまいそうですが……、さすがカッコいいな、と思います。

私はお二人とも好きですが、それぞれにファンもいますし、笑いのジャンルも違うので、真っ向から勝負しても仕方ないですよね。

飲食の世界の話に戻せば、**お客様を喜ばせることが本質**で、違う方法でもそれができる仲間を増やしていく。

そうすれば市場に活気も出ますし、いいお店が増えると消費者の喜びも増えていきますよね。

寄り添う経営　真のリスペクト

海外で展開している業態をM＆Aするときなにを基準にするでしょうか。

そうです、「業態の魅力」とお話ししましたね。忘れたわけではないですよ（笑）。

でも、魅力ってどうやって見分けるのでしょう。

・料理が斬新だから
・内装がおしゃれ
・スタッフのサービスが素晴らしい

などなど、いろいろな要素があると思います。

でも、海外の場合、文化も消費者の嗜好《しこう》も異なります。
まったく理解できない、というケースもあります。
だから、捉え方も違って、「これが魅力ある」とは一概に言えません。
では、こんなときなにを基準に判断すればいいのでしょうか。

ここでは、M&Aの話の続きで、実際にグループ化をした業態の話をさせていただきます。

二〇一六年二月にマレーシアの人気ブランド「Boat Noodle」をグループ化しました。「Boat Noodle」という名前の通り、元々は水上市場で働く人が日常的に舟の上で食べていたスープヌードルを出しているお店です。小さな器にヌードルが入っていて、食べ終わったらお皿を重ねていくわんこそばのようなスタイル。一杯の価格が五〇円から六〇円。麺は少しスパイシーですが、甘いドリンクやスイーツも充実してるので、とくに若い女性に人気で、買収前に訪れたときも長蛇の列ができていました。

私もこれだけ流行っているのだからさぞ美味しいのだろうと食べてみたのですが、

正直「ん？」という感じでした。まずいというより日本人の口には合わないのです。

一緒に訪問した粟田社長も同じように首をかしげていたくらいです。

では、なぜそんなお店をグループ化したの？　と思われたかもしれませんね。

我々は、日本人の口に合わなくても現地の人びとに人気があればリスペクトする集団です。それも当然、お店を日常的にご利用いただくのは現地の人なのですから。現地の人びとに支持されなければ商売は成り立ちません。

そこに**我々日本人の感覚を持ち込む必要はない**のです。**お客様から支持されているものが「正しい」**のです。

アジアでは日本人以外の方が、いわゆる「なんちゃって日本食」のお店を運営していることがあります。私もアジア諸国には出張で行くことがあり、よくみかけます。

でも、

「あんなのは本当の日本食じゃないよ」

というのではなく、そのお店が流行っていればリスペクトします。

そこに正解があるからです。

だから、現地の消費者に寄り添う経営というか、丸亀製麺を海外で出店させていただくときも、

「俺たちは日本で成功した企業なんだよ」

と乗り込んでいって
「これがおいしい日本食ですよ。どうぞ食べてください」

とはやらない。

どこまでも現地の消費者に寄り添い、日常的にご利用いただいて末永く愛されるお店をつくっていくという発想でやっています。

なので、メニューもローカライズしていて、現地の人の口に合うようにカスタマイズしています。海外ではラーメンのように具材が乗っているうどんに人気があるので、中国の麻辣うどん、豚軟骨うどん、牛肉トマトうどんや韓国のキムチうどんやビビムうどん、部隊チゲうどん、インドネシアではイスラム教徒向けの鶏白湯うどんなど、各国独自の味が楽しめます。

少し話はそれましたが、
「お客様に支持されている＝そこに正解がある」
ということです。

そういったお店をリスペクトし学ばなければいけませんし、現地でも末永く支持されるお店をつくっていこう、と思っているのです。

消費者の目線はどこにあるか？

「損して得取れ」という言葉がありますが、商売をしていると当然「得」に目が行きます。

いかにしてコストを抑えて利益を得るか。

お客様に喜んでいただいてこそ商売が成り立つのはわかっていても、売り手側はシビアです。

同じうどん屋さんに行っても、注文したうどんが提供されるとき、少しのネギや天かすが乗っているだけだと「もっと乗せて」と思いますよね。かと言って「ネギ多めで」と言うのもちょっと気がひけます。

丸亀製麺では、そんな心配は無用です。

どこまでもお客様に喜んでいただこうと思い、日々取り組んでいます。

ネギも天かすもショウガも胡麻も乗せ（かけ）放題。存分に取っていただけます。

ネギや天かすで麺がみえなくなるくらい、という方もいらっしゃいます。

それだけではありません。出汁も路面の店舗には、サーバーがあり、好きなだけ注げます。

もちろんサーバーのないショッピングセンターのお店でもおかわりを注文してＯＫです。

お客様に思う存分楽しんでいただける仕組みになっています。

まさに太っ腹ですね。

二〇一九年六月に麺匠監修のもと『おうちで丸亀製麺』（株式会社主婦と生活社 刊）が発売されました。

帯には、「自宅でパッと作れる〝麺匠〟公認　おいしい再現レシピ62」とあります。こんなキャッチーなフレーズが目に留まったのか、かなり売れているようです。海外から翻訳版出版のオファーもたくさん届いているらしいのです。

その本のなかに「知らないとソン！　丸亀製麺おトク話」と題したページがあり、釜揚げうどんが半額になる「釜揚げの日」（毎月一日）にはじまり、特典をゲットできるアプリや出汁の増量や別盛りも頼めることなどが紹介されています。

それだけでなく、「丸亀製麺【公式】発　#新発見」として、さまざまな食べ方も紹介されています。たとえば、明太釜玉うどんに半熟玉子天をトッピングして玉子づくしのうどんにしてみたとか、鮭おむすびとトッピングの明太子を注文して、そこに無料のかけ出汁をかけた鮭明太子茶漬けとか。

ＴＶでも時々、白ご飯だけを注文してそこに無料のネギ、天かすとかけ出汁をかけたネギ天かす出汁茶漬けが紹介されたりしています。本当は、あまり儲けにならないので、無料のトッピングをフル活用した商品（？）は紹介したくないのですが（笑）、そこは太っ腹。

同書の「知らないとソン！　丸亀製麺おトク話」の第一に「お客様が喜ぶならどん

な食べ方でもよし」と書かれているくらいですから、

儲け＜喜んでいただきたい、

というポリシーなんです。

損してもOKというのではないのですが、目線をどこに置くかということだと思います。

あくまでもお客様目線。喜んでいただくためになにができるか、という目線。儲けも大事ですが、打算的なことをしても見透かされてしまいますからね。

「消費者目線」とよく言われますが、売り手側の目線ではなく、完全に消費者の目線になりきる。

そこから物事をみて、考え、具現化していくということが大事ではないでしょうか。いかに徹底できるか、がわかれ目ですね。

未来に種をまく

誰しも手に入れたいものは存在します。

それは、実質的なものでもいいですし、環境や関係性のような形のないものでもいいでしょう。

では、それを手に入れるために必要なものはなんでしょうか。

たとえば、プレゼンの成功を手に入れたいのであれば、それには、入念な準備、十分な情報、プレゼン能力、周りの協力などが必要かもしれません。

また、それらを得るためには、5M［Man（人）、Machine（機械）、Material（材料）、Method（方法）、Money（資金）］などのリソース（資源）も必要になってきます。

最終的になにを手に入れたいか、手に入れるべきか、という方向性（視点）によって、それに関して必要なものも変わってきます。

ここでは、寄付の事例をもとに、確かな視点を定めることができるか、というお話をさせていただきます。

ミャンマーには、トリドールスクールという学校があります。

名前のとおり、我が社が支援させていただいてできた学校です。

あるときミャンマーの寺院に訪れた粟田社長が、建設なかばで土台と一部の骨組みだけが放置された光景を目にします。

「なぜ、こんな状態になっているのか？」

と尋ねたところ、

「資金が足らず、工事が進まない」

とのこと。

一般の学校には行くことのできない子どもたちが数百人寺院に併設された粗野なつ

くりの校舎で勉強していました。それだけでは収容できなくなったので、新校舎の建設に踏み切ったのだとか。

寺院の運営やそこで働く人たちの生活はすべて寄付で賄われているので、それが十分でなければ建設も途絶えてしまうのです。

それを聞いて「なんとかせねば！」と駆り立てられ、学校を建設することになりました。

実際は、学校建設に必要な費用を提供したのですが、「お金を出して終わり」にはしたくないという考えがありました。

そこで、社内で有志を募り、私を含む四名で現地に赴き、学校建設のお手伝いをしたこともあります。とは言っても専門的なことはできませんので、壁のペンキを塗るなど簡単な作業でしたが。

しかし、建設中の現場に足を踏み入れたこと、そして、寺院の子どもたちと交流を図り、いかに校舎の完成を心待ちにしているかを肌で感じられたことは、とても貴重な経験でした。

支援する側の私たちも多くのことを得ることができました。

そもそも、なぜ学校建設なのか？

飲食の会社なのだから、「食」にまつわる支援、つまり食の物資を提供すればよいのではと思われたかもしれません。

もちろんそれも大事ですが、一時的に「食」を提供したとしても、永続的にそれが続かないと意味がない、と考えたのです。

現地の子どもたちが将来的に自分の手で食べていくには、学ぶ必要があります。それには、学ぶ場が必要なのです。

小さなことかもしれませんが、ご縁のあった寺院での学校建設は、その場を提供するという意味で大きな価値があったのではと思います。

まだ、途上ですが、将来に芽を出す種をまいたのです。

これは、今ではなく未来に目を向けたから導かれた発想です。

これが未来にも広がっていくと思うとワクワクしますね。
また、現地で出会った子どもたちのキラキラした笑顔に会いたくなりました。

胃袋は「愛」でも満たせ！

一章でも少し触れましたが、私は、自分の３m以内にいる人しか幸せにできないと思っていますし、また、そんな身近にいる人たちに支えられ、助けられ生きていると思っています。

でも、仕事が忙しいとついついそれが当たり前になってしまって、感謝することを忘れてしまいます。

日々支えてくれ、明日への活力を生んでくれるのも身近な人です。
なかでも、おもに生活をともにするパートナーや家族の存在は大きいものです。
ここでは、胃袋をなにで満たすのか、というお話をしましょう。
胃袋というより、心ですかね。

我が社では、期間限定フェア商品の投入やメニュー改定などのたびに試食がおこなわれます。業態もたくさんありますので、毎日のようにテストキッチンでは試食会が開催されています。

さらに、巷で流行っているお店や行列ができているお店があると聞けば足を運びます。

今なにがトレンドなのか、消費者はなにを求めているのか、実際にお店に足を運んで食べて肌で感じないとわからないことがたくさんあるからです。

さらに、夜に会食の予定などもあれば、つねに食べている。飲食業に携わる人間は食べるのが仕事と言ってもいいでしょう。

「仕事で美味しいものを食べられていいですね」

と羨ましがられることもありますが、それが意外ときついのです（笑）。

数種類のうどんを一度に食べることもあるので、胃にはかなりの負担がかかります。

食事は、「空腹こそが最大のご馳走《ちそう》」というくらい空腹の状態で食べるからこそ美味しいのですが、ときには数件のお店をめぐり、うどんや天ぷらを食べることもありますので、そうもいきません。

ですので、我が社の社員は、どうしてもふっくらとしてしまう人が多いのです（笑）。


そんななか、トリドールジャパンの恩田社長が常々言っているのは、

「家でもご飯を食べてください」

ということ。


「え？　日中さんざん食べて、まだ家でも食べるの？」

と思われたかもしれません。


まるで苦行のようですね。


でも、仕事で食べる機会が多いからといって、家での食事の回数が減ると必然的に家族とのコミュニケーションをとる時間は減ってしまいます。

だからこそ、たとえお腹がいっぱいでも「家での食事」を欠かしてはいけないのです。

コミュニケーションを図る上でも、また、「つくり手の思いを受け取る」意味でも。飲食業に携わる人間であるからこそ、大切にしなければいけないことかもしれませんね。

我が社には、少しふっくらした方が多いと書きましたが、脂肪の一部が愛情でできているなら、それはそれでいいのではないでしょうか。

もちろん、美味しいものを美味しいと感じるには、健康な身体が必要ですので、ほどほどですが。

第6章

新しい価値と熱気の生み出し方

―一人ひとりの力を総合しても成し得ないような、大きなものを生み出す―

いよいよ最終章です。
後半の四章からは、ものの見方、捉え方、そして、いかにして相手との関係を構築するか、という観点でお話ししてきました。

一人でできることはたかが知れています。なにかを成し遂げようとしたとき、そこには、人が存在します。パートナーや組織、共同体が力を出し合ってはじめて成果を得られるのです。しっかりと機能すれば、共同体に属する一人ひとりの力を総合しても成し得ないような、大きなものを生み出すことも可能です。

ここでは、**共同体のなかで、より大きな価値を生むための思考、行動について、お話ししたい**と思います。

Finding New Value

「なにげない風景や、よくある出来事がいつもと違って見えることはありませんか？実際にいつもと違うのかもしれないし、今の気分がそうさせているのかもしれません。

でも、その発見こそが想像もつかないほど大きな何かに繋がる大切な瞬間だと私たちは考えています。

歴史上の偉大な発明も、人の常識や文化、そして流行も、最初は身近にある、ささやかな発見からはじまったものだったに違いありません。

しかし、それを見逃さなかったからこそ、小さな湧き水だったものが大きな川へ、つながっていったのです。

私たちは、まだ誰にも見えていないけれど、ちゃんとそこに存在している新しい価値に気づき、目の前にいる人の喜ぶ笑顔をひとつひとつ増やしていきたい。

ちょっとしたひらめきや、偶然気がついたこと。

もし、それがささいなことであっても、人から人へ、今いる場所から世界中へ広がることだってあるのですから。
人びとの暮らし、そして人生に、まだ見たことのない新しい喜びを行き渡らせるために。
これからも新しい価値を探し続けていきたい。
そう、考えています。」

これは、トリドールのサイトに掲載されたメッセージ。

これまで企業理念は、
Simply For Your Pleasure.（「すべては、お客様のよろこびのために。」）
でしたが、二〇一九年に、
Finding New Value.
が新たに加わり、それと同時にこのメッセージが生まれました。

時代がどんどん変化していくなかで、**お客様へ新たな価値を創造し、提供していくか**

なければ生き残ってはいけません。

生き残ると言うと少し語弊があるかもしれませんね。

限られたパイを奪い合って勝ち残るのではなく、新たな価値を創造して、もっと明るい世の中をつくっていきたいという願いが込められています。

おそらく一〇数年後には、ＡＩ（人工知能）の発達によりロボットに大半の仕事を奪われ、逆に人手が余り一つの仕事を二人で分けて働くワークシェアが増えてくると言われています。

これは、想像の話ではありません。

近い将来かならずやってくる現実です。

そうなると一人当たりの収入は激減し、真っ先に削られるのは外食費になるのは目にみえています。

「モノ」を売る時代から「コト」を売る時代に変わったと言われて久しいですが、この言葉こそが飲食業の未来を指し示しているように思えるのです。

「食べ物を売り空腹を満たすビジネス」

から、

「食べるという喜びの体験を売るビジネス」

に変化していく。

このチェンジができるかどうかに成長のカギがあります。

人手不足、それによる人件費の高騰など、環境が厳しいなかで、**利便性から付加価値に重きをおいたものに移行していかなければいけない。**

大きな課題ですが、それを超えた先には、限りない可能性が広がっているはずです。

旅芸人？　二〇〇〇校への訪問

前半では、「価値」についてお話ししました。

宝は、目にはみえず、「価値」のあるものほど地中に埋まっています。

それを掘り当てなければ手にすることはできません。

０（ゼロ）から有を生み出すのと似ています。

ですが、まったくなにもないところから生み出すのは、たいへんなことです。

過去の事例もありませんし、先人もいない。

冒険者のように道なき道を切り拓いていかなければ進む道もできません。

それには、何度も壁にぶち当たり、それを超えていく勇気が必要です。

ただ、ひたすらに実直に取り組む。

でも、その先には、誰もみたことのない景色、得たことのないようなものを手にする瞬間が待っているかもしれません。

ここでは、そんな冒険のような取り組み事例を紹介します。

二〇一九年四月、二一七名の新卒社員が入社しました。

入社式をおこなったのはハワイ。

台湾、マカオで開催したこともあり、海外での入社式は、これで四回目です。

これだけの人数をハワイに連れて行き、式典、研修をするのはたいへんです。


と、苦労話はおいといて……。


新卒と言えば、大学卒業の学生を対象にした企業が多いと思いますが、トリドールはその内七三名が高校卒業の学生なのです。

おそらく、三分の一近くを高校卒業生が占める企業は少ないはず。

高卒採用は、二〇一六年からはじまり、その裏側には並々ならない苦労がありました。

これまで、全四七都道府県に所在している二〇〇〇校近くの学校を訪問し、関係を構築してきました。

アクセスのいいとこばかりではありません。最寄りの駅まで行ってそこから長距離を徒歩で訪問したり、場合によっては、レンタカーでの訪問旅や、離島にある学校を探し出して訪問したりと、かなり地道。やっていることはほとんど旅芸人（笑）。

丸亀製麺は聞いたことはあってもトリドールなんて企業は知らない、というところからスタートしたので、たいへんです。

高校生採用をはじめたのは、人材の確保と究極のプロパーをつくっていくということが目的。

採用されたらまずは店舗に配属され、現場で仕事をしながらさまざまなことを学んでいただく。その後は四年制の大学を卒業した新卒者と同様の待遇で従事していただくというもの。

地域によっては、学生の数に対して十分な就職先がないところもあります。

いっぽう、我々は若くていい人材はどんどん採用したい。そういうニーズをマッチさせようという取り組みなのです。

ただ一般的に、高校生は地元企業など地域に密着した企業に推薦されることが多く、我々のような全国に店舗を有する企業が各地の高校に対して採用活動するのは稀《まれ》なことです。

大学生の場合は、学生時代にアルバイトをしたり、ある程度の社会経験を積みますので、判断基準も養われます。

しかし、高校生の場合は、ほとんどの学生が社会で働いたことがありませんので、どんな仕事が向いているのか、どんな企業に就職すればいいのか、判断するのは難しいのです。

ですので、頼りになるのは、進路指導の先生や親御さんの助言。

人生経験豊かな彼らと一緒に就職先を探っていくのが高校生なのです。

しかし、学生本人や先生が興味をもってくれても、親御さんが反対するというケースもあります。

周りでかかわる人への理解を深めるため、企業見学会には、学生だけでなく親御さんも招待するなどの工夫をしています。

あとは、できるだけ店舗に足を運んでいただこうと働きかけます。

実際にお店をみていただければ、

「オープンキッチンで従業員が働く姿をみることができ、安心した」というお声をいただくこともあります。

企業としての評価は得るのは難しくても、店舗をご利用いただければ消費者目線での判断が加わり、理解を深めることができます。

店舗の存在はありがたいですね。

担当者は、トリドールの魅力、将来性などはもちろん、どんな仕事に従事してもらうのか、いいところだけではなく、たいへんな部分もちゃんと話しています。

大学の新卒採用や中途採用の場合よりも高校卒業の学生の採用に注力しています。

人材は宝。まさに人財です。

それを**掘り起こすことはとても大事なのですが、しっかりと説明すること、そして、未来を示すという責任が生じます**。

可能性を秘めた弱冠一八歳の若者をお預かりするのですから当然です。

この取り組みがはじまったとき、

「訪問活動はなにがあっても絶対に手を抜いてはいけない。直接会いに行くことで、関係が深まる」

と人事部長が言い続けていたとのこと。


それだけの意気込みで、はじめたんですね。気合が入っています。

丸亀製麺のお店で実践しているように、**手間と暇をかけなければ、信頼関係も築けませんし、長続きしません**。

「外食あるある」お客様が求めているもの

クレームは、「自分が想定していたもの」に対し、提供された商品やサービスのレベルがはるかに低いとき、生じるものです。

思っていた以上にまずかった、お店が汚かった、サービスが悪かった……、割引きをしてもらえると思っていたが拒否された……。

「想定」と違うから「どうして？」と思い、クレームに発展するのです。

いっぽうで、期待していた以上のものを受け取るというケースもあります。

たとえば、一〇〇〇円支払ってもそれ以上の満足、価値を感じることができれば、

「コスパいいよね」

となります。

お客様の嗜好も異なります。

さらに美味しいものはどこでも食べられます。

だから期待以上のものを提供するのは、とてもたいへんです。

そのために我々は日々汗を流していかなければいけないのですが、お客様の求めているものを先取りして把握できれば、少しは容易になるのかもしれません。

ここでは、そんなお客様のニーズを探るというお話をしたいと思います。

外食産業には横のつながりもあって、同業の人たちと交流することがあるのですが、そのときかならずと言っていいほど出るのが、「外食あるある」の話。

それは、

お客様のご意見・ご要望（アンケートなど）をもとにつくったメニューは売れない、

というもの。

どの企業もお客様がなにを望んでいるのかをリサーチし、ヒットとまではいかないまでも、しっかりと支持される商品をつくり世に出したいと思っています。

そこで有効なのは、アンケート。

もちろん丸亀製麺でも、積極的にお客様の声を拾うようにしています。

でも、それを反映させたものをつくっても売れない。

どういうことなのでしょうか!?

たとえば、ヘルシー志向の野菜たっぷり系のものやボリュームの少ないもの。健康に気を配ったり、体型を気にする人にとって、そういうものはよさそうですよね。現にご意見や要望も多いので、これはウケるに違いないと思って開発したら売れない、という現実が待っています。

なぜ、売れないのでしょうか。

それは、

頭のなかで顕在的にいいと思っていたり欲しいと思っているものと、深層心理で欲しいと思っているものは違う

ということです。

豚カツ店で、お客様のご要望を反映してボリュームの少ない商品をメニューに増やしたら、売れなかった。豚カツ店に行く動機として、「今日はがっつり食べたい！」という心理があるということなのでしょうね。

日ごろ食事制限やダイエットしているかもしれませんし、今日こそは、ハンバーガーを食べたい！　豚カツを食べたい！　というふうに。

実際、丸亀製麺の期間限定のフェア商品でも、野菜たっぷり系のものはヒットせず、むしろ肉系のハイカロリーなものがウケます。

ダイエットをしていても、お酒を飲んだ後にラーメンを食べたくなるのも同じですね。それがたまらなく美味しいのです。少なからずそのときは満たされるのです。（翌朝は後悔することが多いのですが……）それは、深層心理を満たしているからなんですね。

私もこの間、飲んだ後、こってりのナポリタンスパゲティを食べてしまいました（笑）。

そのときは、心から満たされるんですよね。

時代の流れやお客様の嗜好の変化にも敏感に対応していかなければいけませんが、奥底に沈んでいるお客様の「欲しい」を掘り当てないといけません。お客様は、心の奥底にあることはなかなか話してくれませんから。

ハートに火をつける

売っている商品は同じでも、ネーミングやパッケージ、売り方を変えたらヒットしたという話を聞いたことはありませんか。

なにかの拍子にお客様のハートに火がつけば、購買につながるという不思議な現象です。

粟田社長は、商品には**「置き場所」**や**「売り方」**に**よって急に売れだす着火点**があると言っていました。

お客様のハートに火をつける、ということですね。

創業当初は、十分な資金もなかったため、潰れたお店の居抜きに焼き鳥とりどーるを開店したそうです。

ある店はカウンター内に焼き場をつくれず、入口のドアを開けてすぐのところに置いたのだとか。

炭焼きなので入口は熱気に包まれ、煙とにおいも充満……、これは失敗した！　と思ったのですが、改修する予算もなくそのままオープンしたら、予想を大きく裏切り焼き鳥が圧倒的に売れたそうです。

それ以降、入口すぐのスペースに厨房を配置し、調理シーンがお客様の目に飛ぶこむ設計にしました。

一度着火点にはまると、その商品は飛ぶように売れます。

焼鳥だけでなく、唐揚げや釜めしも着火点（売り方）をみつけることで売れに売れたそうです。

お客様の五感を刺激し、ハートに火がついたからでしょう。

いまでこそ我が社では、オープンキッチン、臨場感という言葉が当たり前のように使われ、丸亀製麺をはじめとする多くのブランドの持ち味となっています。

「どうすれば焼き鳥が売れるか？」

という命題に、コンピュータは答えを導けるでしょうか。

コストパフォーマンスを上げる、お得感を打ち出す、おすすめするなど、答えはいくつかあるかもしれません。

でも、お客様のハートをつかむ着火点をfinding（発見する）ことは人にしかできないように思います。

それは、合理的に、論理的に物事を考えた先に導かれるものではなく、数ある経験や遠回りした先にみつけるものだからです。

最適解で固められた無機質なお店より、少し煙でもくもくしていても、心を揺さぶるものがあれば人は寄ってくるのです。

活気をつくるのは、おっちゃん、おばちゃん

ハートに火をつける、という話をしましたが、その火がすぐに消えてしまうようでは困ります。

お店には、活気を絶やさない工夫が必要なのです。

では、活気を絶やさないためには、どうすればいいのでしょうか。

演劇など舞台は、演者と観客が一緒になってつくると言われますが、演者（お店）とお客様が一体となって、活気を生み出し、それを維持していかなければいけません。一＋一＝二ではなく、人と人がかかわるなかで、たがいのエネルギーがぶつかり合って創られるもの。

丸亀製麺の現場の様子、そしてどのような仕掛けをしているのかご紹介します。

以前、テレビ番組「カンブリア宮殿」に取り上げていただいたとき、パートナースタッフとお客様とのこんなシーンが放送されました。

常連のお客様が体調を崩して、かけうどんしか頼まないことに気づき、心配して「どうしたの？」

と一声。後日、そのお客様がほかのメニューを食べられるようになったことにもいちはやく気づき、

「元気になったの？　よかったね」

と声をかけているというもの。

こういう声かけは、マニュアル化してもできるものではありません。

ほかにも、

「野菜かき揚げ　揚げたて取っていってよ！」

とできたてをおすすめしたり、常連のお客様とは
「いつもの」

「はーい！　いつものね」

という自然なやり取りがなされたり。


丸亀製麺のオープンキッチンで働くのは、つい
「おっちゃん」

「おばちゃん」

と呼びたくなるような中高年の親しみやすいパートナーさん。

どの飲食店もパート、アルバイトが多いという点では同じですが、四〇代以上の方がたくさん活躍されていて、しかも圧倒的に女性が多いという点が特徴です。

そんな方々にお店は守られ、活気はつくられているのです。

とくにうどんや天ぷらは料理経験の豊富な人がつくったほうが、おいしくできます。そもそも、目じりにしわがあり白髪交じりのいぶし銀の男性がうどんをつくっている姿をみると、それだけでおいしそうだと感じますよね。

割烹着の似合う中高年のパートナーさんだからこそ、おいしさや温もりを感じるという効果があるのです。


通常、チェーン店は本社の社員が店長になり、現場のスタッフを差配するという構成になっています。

丸亀製麺も、社員が現場で一から経験を積んで店長を務めるというケースもありますが、社員店長を置いていないお店も結構あります。

二〇代・三〇代の、いつ異動するかわからない若手社員がお店を守るより、その地域で生活しているパートナーさんに任せたほうがいいだろう、という考えなのです。

実際、社員店長がいなくても店はキチンと運営されています。

熟練のパートナーさんは、

「来週あの学校の運動会があるからお客さん増えるで」

とか、

「今日はお祭りあるから、たぶん暇やで」

など、地域情報を熟知して、それに合わせて動いてくれます。

最近は、AI（人工知能）を使って売上予測を立てるサービスの開発が進んでいます。前年度の売上や、天気や曜日のデータを入力し、そこから今日の売上を予測して商品のロスが出ないようにする。確かに、それは確度の高い予測ができるし、効率的かもしれません。

しかし、AIには温もりを感じることはできませんし、人を感動させることはできません。

したがって、これからも丸亀製麺ではAIが出すデータより、おっちゃん・おばちゃんの経験や勘を重視していきます。

私自身も、研修で店に配属されたときに熟練のパートナーさんに調理を指導していただきました。おばさんに天ぷらの揚げ方やおにぎりの握り方を教えてもらい、おじさんには製麺のやり方を教えてもらったのです。


「みてみ、この麺。光ってるやろ」

と誇らしげに言うおじさんは、まさに職人。

「私が握るおむすびだからおいしいの」

「俺がつくるうどんやから、特別にうまいんや」

といった言葉を聞くたびに、この仕事を愛し誇りをもっているのだな、と感じました。


中高年のパートナーさんは、それまでにさまざまな人生経験をされています。そういう方はビジネスマナーを一から教える必要はなく、自分が求められている役割を瞬時に理解するので、とても頼りになる存在なのです。

効率化を考えるのなら、オートフライヤーや券売機で券を買うシステムを導入するほうが、コスト的にも時間的にも断然メリットがあります。それでも、丸亀製麺では人がレジを打つというスタイルを変えるつもりはありません。目の前のお客様の様子から体調を気遣うようなことはＡＩにはできないでしょう。

人とのちょっとしたやりとりからあたたかみは生まれるものなのです。なにもかも自動化、機械化されている現代だからこそ、パートナーさんとのなに気ないやりとりがお客様の心に響くのではないでしょうか。

活気を絶やさない　さまざまな仕掛け

二〇一九年五月に「SUPER FRIDAY」というイベントを実施しました。

これはゴールデンウィーク以降の四回の金曜日にソフトバンクユーザーの方を対象にかけうどん、ぶっかけうどんを無料で提供するというもの。

一杯二九〇円の定番商品のうどんが無料とあって、実施日は、通常の平日の二倍に相当するお客様が来店されました。

これも損を覚悟で実施したものではありません。

当然、実施日の客単価は下がりますので、利益にまったく影響がないということはありませんが、構造的にしっかり利益を確保できる仕組みなのです。

また､最近は､「ごはんですよ！」でお馴染みの桃屋さんとコラボした「トッピング祭」を開催したり、ガンダム×ハローキティ、漫画ＯＮＥ ＰＩＥＣＥとのコラボイベントなど、これまでには例をみないような施策を頻繁に実施しています。


また、数年前から実施していますのでご存知の方も多いかもしれませんが、毎月一日には、「釜揚げの日」と銘打って看板商品の釜揚げうどんを半額で提供しています。

この日を楽しみにして毎月来てくださる方もいらっしゃるくらいで、大好評です。

そのときをめがけて、情報誌「うまいもん便り」を店頭で配布しています。

それには、クーポン券もついていますので、再来店の動機になればと、あえてたくさんお客様が来られる「釜揚げの日」に配布しているのです。

ほかにも丸亀製麺専用アプリもあり、登録された方には、フェアメニューの案内やクーポン情報など、タイムリーに配信される仕組みもあります。


ここにあげたのは、すべて仕掛けです。

なにかに興味を持っていただかないと「よし、行ってみよう！」とは思っていただけません。

待っているだけでは、お客様は来てくれませんので、動機づけが必要なのです。

また、実際にお店に来ていただいて、体験いただかないと丸亀製麺のよさは、わかっていただけません。

しつこく案内を送るとか、値引き幅を大きくしてそれで誘導をするというのはよくありませんが、**なにかしら丸亀製麺に関する情報を配信して、つねに意識にとめておいていただこう、日常のなかに溶け込んでいこう、という戦略なのです。**

また、一度来てくださったお客様を引き留め、リピーターになっていただくのは、クーポンなど値引きだけではいけません。

最近は、わかめうどん、昆布うどん、鮭とろろぶっかけうどんなど、三五〇円から四三〇円くらいで手軽に楽しめるメニューも充実しています。

ラインナップが豊富だと、

「今日はこれを食べたけど、次はこれも食べてみたいな」

と思っていただけます。

これも仕掛けの一つです。

人の集まるところに活気は生まれます。活気のある所には、流れができ、人が集まってきます。

そんな相乗効果を絶やさないために、あの手この手で、仕掛けをつくっているのです。

口コミを生む熱気

第二章で「お客様は来ない」という発想からスタートするというお話をしましたが、どうすればお客様に足を運んでいただけるか、これは飲食店に突き付けられた命題です。

街で配られているチラシなどの案内、アプリから取得できるクーポンなど、どれも集客を促すツールです。

「最大の販促は『口コミ』」というのは誰もがわかっていることですが、それだけに頼るのは難しいもの。

では、どうやって「口コミ」は生まれ、広がっていくのでしょうか。

二〇一八年もっとも話題になった映画は、『カメラを止めるな！』。ご覧になられた方も多いでしょう。「カメ止め！」で通じたくらいですから。もちろん私も観ました。

僅か三〇〇万円の制作費で、当初二館だけの上映から、「面白い！」と評判が口コミで広まり、全国で上映されるまでになりました。興行収入は三一・二億円という驚異的な記録を打ち立てたといいますから、作品のよさもあるのですが、口コミの力には驚かされました。

繰り返しますが、口コミは最大の販促と言われます。

また、最近では、ネットで拡散されますので、これまでとは比べ物にならないくらい広がるスピードは速くなりました。

もちろんいいことだけではありませんので、怖い時代でもあるのですが。

欲しいものをネットで買う際も実際買った人の感想などレビューをみて、判断しますよね。


口コミは、現場の体験により生まれるということ。

店舗で言えば足を運んでくださった方、商品なら実際に使った人、体験した人でないと評価できません。又聞きではできませんので、自身の実体験がものを言うわけです。

また、そこそこの感動、体験なら口コミにはならない、ということ。

想像以上の体験があって、周りに勧めたくなる、言いたくなるわけです。


もちろんモノを売るときには、戦略的に売っていくことも大事です。

費用をかけるわけですから、効率的に売る必要があるわけです。

ただ、純粋にこれを伝えたい、届けたい、という思いが通じて、口コミになる場合もあるのではと思います。

『カメラを止めるな!』を観ていてそう思いました。

つくり手の裏側にある、情熱やエネルギーが口コミを生んだのかもしれません。

ヒットの裏側を紐解いてみると、そういった熱いものが潜んでいるかもしれません。

実直に、しなやかにコミュニケーションの方法を変える

とある打ち合わせの際、

「丸亀製麺は、手づくり・できたてにこだわって愚直にやってきた」など、「愚直」という言葉が何度か出てきました。

私にはちょっと違和感がありましたので、話が途切れたとき「ちょっといいですか」と切り出して「愚直というのは、バカ正直とか臨機応変な対応ができないという意味があるので、軸はぶらさないけど、変化をするしなやかさを持っている丸亀製麺の場合は、『実直』という言葉のほうがふさわしいのでは」と伝えました。

愚直なまでにまっすぐやってきたのは事実ですが、やはり、「実直」のほうがしっくりくると。

売り手側の我々がよかれと思って取り組んできたことも、お客様には響かないという局面もあります。

ここでは、「実直」ななかにも柔軟性を持ち合わせ、どのようにお客様とのコミュニケーションを変えてきたのか、についてお話しします。

二〇一四年の八月から、丸亀製麺の快進撃が続きました。

それまでは、自社競合が起こり、既存店前年対比が九五％前後と低迷していたのですが、高単価高付加価値のフェア商品「肉盛りうどん」とそれを訴求するテレビＣＭが奏功し回復。それから約四年間既存店前年対比が一〇〇％を上回るという現象が続きました。

新規出店による売上増ではなく、既存店のお店の売上を年々上げていくのはたいへんなこと。

それを継続してきたのです。

しかし、それには、一部の商品の値上げや高単価のフェア商品が売れたこと等により客単価が上がったという背景がありました。

厳密に言うと、客数は、二〇一八年の一月から一〇〇％を下回っていました。

客数が上がり続けるのは難しいとはいえ、下がるのは致命的なこと。

客数が復活を遂げる二〇一九年の五月までの間、なにが起こっていたのでしょうか？

我々の分析は、

・約四年間、高単価フェア商品の販売、テレビCMという二つの施策を継続してきたので、それに目新しさがなくなってきた。

・そして、高単価商品をCMで訴求し続けたので、少し高いイメージが定着してしまったのではないか。

・フェア商品は、すでに丸亀製麺をよく利用されている方が注文されている商品だったので、それ以外の丸亀製麺を利用したことのない方、利用頻度の低い方にはあまり響いていなかった。

ということでした。

そのほか、基本的なリサーチもしました。

丸亀製麺では、全店で塩と水と小麦粉からうどん生地をつくっていることや、小麦は国産のものしか使っていないことに対しどの程度知られているか。

その結果は、想定より遥かに低いものでした。

ほかにも、うどんを食べる人を一〇〇とした場合、外食する人は一〇しかないというデータです。

この数字には驚かされます。

ほかの九〇%の人は、買ってきて家で食べたり、冷凍うどんを調理して食べたりしているのです。

これらの分析やリサーチから、はじめて以下のことを知ったのです。

・訴求するターゲットが違っていた

・「すでに知っていただいている」（手づくり・できたて、国産小麦を使用していることなどのこだわり）と思っていたことがそれほど認知されていなかった

そこで、方針を変更し、コミュニケーションの方法も変えました。

これまでは、高単価フェア商品をCMにより訴求して集客を図るというものでしたが、CMの内容をガラっと変えたのです。

それが、二〇一九年一月末から放映された「ここのうどんは生きている」というテーマのCMです。

時間も一五秒から三〇秒にし、有名なタレントさんを起用せず、職人が麺を打つシーンを中心に構成しました。

「手づくり・できたて」にこだわり、毎日塩と水と小麦粉からうどん生地をつくっていることを、あらためて知っていただくという戦略です。

我々売り手側の感覚は、そういったこだわりは、すでに知っていただいていると思っていましたので、今さら感はありましたが、「日ごろうどんを外で食べない」層のお客様に向けて大きく舵を切ったのです。

また、**丸亀製麺の本来持ち味の一つは、自由度**。うどんのほか、お好みの天ぷらやおむすびを選んでいいただく、その楽しさも醍醐味です。

これまで、高単価のフェア商品を強く訴求していたので、たとえば六二〇円から六九〇円程度のフェア商品と天ぷらを一品注文いただくだけでも八〇〇円を超えてしまうこともあります。

もちろん、フェア商品は原価もしっかりかけていますので、量質ともに満足いただけるものだと思いますが、価格的にも少しお高くなってしまいますし、丸亀製麺本来の持ち味を発揮できていません。

そこで、かけうどんもう一杯キャンペーンを実施したり、三五〇円から四三〇円程度の中価格帯のメニュー数を増やしたりして、看板商品と定番商品をあらためて訴求し、新規のお客様にも利用していただきやすいような工夫をしました。

そのほかにもこれまでやってこなかった他社とのコラボイベントやキャンペーンなど、矢継ぎ早に実施しました。

その結果、客数の五週間平均の数値の推移をみると、二〇一九年の二月ごろは九五％程度だったものが、五月には、一〇五％まで回復しました。

約一〇％の改善です。

前年の客数を維持するのはたいへんなことなのですが、見事にお客様へのコミュニケーションを変えることで改善しました。

原点回帰。

美味しいものを食べてもらいたいという思い

手間暇を厭わないという精神

それらがぶれていなかったから、比較的はやく原点回帰ができたのです。

新オフィス　新たな可能性

人間を成長させるのは、三つ間。

「仲間」、**「時間」**、そして**「空間」**です。

どんな空間で、どんな時間をどんな仲間と過ごすか。


良質であればあるほど、成長は加速します。


また、言うまでもありませんが、企業は、人で成り立っています。

トリドールも新時代のビジネスパーソンを輩出する人材開発企業へと進化するため、従来の外食産業のワークスタイルやオフィスのあり方を革新したいと考えていました。

また、二〇一五年に東京本部ができ、神戸本社からいくつもの部署が移転しました。事業拡大で増員もしてきたので、大崎にある東京本部には入りきらず、オフィスが四か所に分散されました。ですので、東京の拠点を一か所に集約して、生産性の高い、強固で機動力の高い組織体をつくる必要もありました。

そこで、二〇一九年九月オフィスを渋谷に移転します。あわせて、本店も神戸市から渋谷区に移転します。

パース段階で、家族にみせると

「えぇ！　こんなおしゃれなオフィスになるの？　パパいいねぇ」

と驚かれるくらいかなり斬新なオフィスです。

新オフィスは、職場とはこうあるべきだという常識にとらわれていません。社内外の人が出会い、交流し、コラボレーションできるような空間に設計されていて、バリエーション豊かなインテリアだけでなく、音楽や芸術、緑に溢れる創造的空間で社員の感性を刺激できるものになっています。

非常に自由度の高いグループアドレス（ＡＢＷ）を採用する上に、レイアウトやオフィス家具も既成概念に捉われないものです。

今は、部署ごとに固定の席が割り当てられていますから、そこからの移行という点ではさまざまな反応が生まれると思います。

単に増床した拠点に引っ越すという意図ではなく、ゼロベースであるべき姿を描くことができる絶好のタイミングです。組織を生まれ変わらせるための一大プロジェクトですから、組織編成と育成、評価の考え方をも改良・進化させる必要性があります。もちろんそれを活かすための個々のマインドセットも必要ですね。

トリドールは、究極的には「会社に来なくても働ける、評価される」という評価軸を構築していきますが、それを踏まえても、「オフィスに来ることが楽しい、わざわざ行きたくなるオフィス」であることを目指しています。

空間が変わることで、個の意識も変わり、新たなものが交わることで思いもかけない化学反応が起こるかもしれません。

本書が世に出るころには、私も渋谷で仕事をしているはずです。どんな変化があるか、今から楽しみです。

プチ感動を広げていく

なぜ人は、ドラマや映画、演劇を観たりするのでしょうか。

また、なぜ、スポーツでもW杯やオリンピックのときは盛り上がるのでしょうか。

きっと、人は、どこかで感動をしたいと思って、生きているからだと思います。

ただ、日常では、感動するような出来事ばかり起こるわけではありません。

どちらかというと、平穏で、昨日とあまり変わらない今日がきて、その繰り返しのような日常が続いているのではないでしょうか。

逆に、毎日誰かと抱き合って喜び合うようなことが起こっても疲れてしまうかもしれませんね。

でも、心を動かしていたいという欲求がどこかにあるので、少し非日常なドラマや映画、スポーツなどを観て、プチ感動を体験しているのかもしれません。

プチ感動なら日常的に体験できます。

丸亀製麺では、つねにお客様に感動していただきたい、と思っていますが、涙が止まらなくなるような感動ではなくまさに「プチ感動」です。

それを日常的に感じるには、

「いつ行っても美味しい」

「サービスがいい」

というような安心感が不可欠です。

そういう意味では、味やサービスの質のみならず、割烹着を着たおっちゃん、おばちゃんの存在やお店の雰囲気も大事なのです。

私も自宅で料理をすることはありますが、それは、お父さんの料理です。

お父さんの料理は、日ごろ買わない高価な素材を買ってきて、バーッとつくって、食べさせて、

「うまいだろ、どう？　うまいだろっ？」

と言って、あまり片づけもしないという感じのもの（もちろん時間をかけてじっくりつくって、後片づけもするお父さんはいると思いますが（笑））。

お母さんの料理というのは、ちょっとスーパーで食材を買い足して、冷蔵庫にあるもので、おいしくてはやくできて、健康にいいものを毎日毎日つくり続けるというもの。

どちらかというと、お父さんの料理のほうが、希少価値もあって、アウトドアで食べるカレーが美味しいように、ちょっとした感動があるのかもしれませんが、しょせん一過性のもの。

お母さんの料理のほうが家族の健康を支えてるし、なにより安心感がある。派手さはなくとも、日常に溶け込んでいて、いつの間にか小さな幸せが蓄積されているはずです。

丸亀製麺は、年に何回かしか行かないような高級な料理店ではありません。五〇〇円か六〇〇円ちょっとでお腹いっぱいになって、心も満たされる。

そんなお母さんの料理に近い、日常に根づいたお店であれたらいいな、と思います。

革命を起こした行列
熱気はここから生まれる

丸亀製麺の象徴ともいえる行列のシーン。

人が並んでいる列に加わる。
そこには、すべてがあると言っても過言ではありません。
うず高くつまれた小麦粉の袋、
出汁や天ぷらのにおい、
従業員の声や動き、
すべてが五感を通じて訴えてきます。
「今日はなにを食べようかな」
というワクワク感をかき立ててくれます。
並んでいるときから、飲食ははじまっているのです。

丸亀製麺の創業のきっかけも讃岐本場でみた行列でした。

丸亀製麺の原点と言ってもいいでしょう。

そんな行列は、どうやって生まれたのでしょうか。そして、どんな影響を及ぼしたのでしょうか。

最後に、丸亀製麺の真骨頂「行列」についてお話しさせていただきます。

一店舗を出店するのには数千万円の投資をしなければなりません。

丸亀製麺を創業して間もないころは、十分な資金もなく、どんどん店舗を出店するという状況ではありませんでした。

そんなとき、チャンスをいただいて出店できたのがショッピングセンターのフードコート。

そこでの出店は、投資がかからないという大きなメリットがありました。

フードコートは、区画内に商品をつくり提供できる厨房さえつくれば、事足ります。

路面店のようにテーブルと椅子を置くホールのスペースや駐車場もいりませんので、投資が軽いのです。

フードコートへの出店はそういう意味でもうってつけの物件でした。

しかし、十数年前のフードコートと言えば、駅構内にあるお店と同じように、商品を安く、はやく提供することが優先されていて、店頭で実演販売をしているところはありません。

それでも、丸亀製麺の持ち味を発揮すべく、狭い区画に製麺機を持ち込み、実演販売をしました。

当時では、できたての商品を提供するところはなかったのか、瞬く間に行列ができました。

行列ができるお店には、盛況感が漂い、人が群がり行列ができます。

まさに相乗効果です。

そんな丸亀製麺の成功が浸透していくなかで、フードコートの店づくりも徐々に変わっていったそうです。

今ではほとんどのお店が、店頭で実演販売するようになりました。

丸亀製麺は、フードコート内で、革命を巻き起こしたのかもしれません。

「いらっしゃいませ」

「かしわ天揚げたてです！」

「ありがとうございました～」

などという声とともに、厨房内で汗を光らせ動く従業員。

お客様との掛け合い。

うどんが提供され、天ぷらなどが並ぶレーンから続く行列。

ワクワクした気持ちで行列に加わるお客様。

人と人が創り上げていく、そんなシーンになにより活気を感じます。

「できたての美味しいうどんを食べていただきたい」

というどこまもピュアな思いと、それを形に変える実直な行動がその活気を生み出しているのです。

それが、いつまでも絶えないこと、そして、さまざまなシーンで同じような活気が生まれることを願っています。

おわりに

この世には、魔法をかけてくれるティンカーベルもすぐに願いを叶えてくれるジーニーも存在しません。そんなことは分かっていても、似たようなもの、つまり手っ取り早く効果が出たり、結果を残せるようなものを探し求めているのではないでしょうか。

私が思うにそんな魔法のようなものはないと気づき、自らの手で何かをつかもうとして一歩を踏み出した瞬間から成長や成功への道ができるのではないかと。その道は、どこまでも平坦で、昨日までと変わらない景色が続いているのかもしれません。また、進んでいる方向が本当に正しいのか、時には迷ったり、不安に思うこともあるでしょう。

でも、そんな時は、是非丸亀製麺に足を運んでください。そして、行列を見てください。そこには、〝実直に取り組んでいれば、お客様に支持いただける〟ことを証明している姿があります。きっと勇気が湧き、「実直に取り組むことは間違いじゃないんだ、これからも迷わず進んで行こう」と思えるはずです。

また、実直に取り組むことはたいへんなことばかりではありません。お客様の笑顔や自分自身の感動に姿を変えて、ときどきご褒美を与えてくれます。

それは、にわかにできたものではないからこそ価値があり、自分にしか手にできない尊いものです。ですので、進むと決めた道を信じて、逸《そ》れずに歩いていっていただければと思います。


本書を締めくくるにあたって、感謝の意を述べさせてください。

まずは、今回の出版のチャンスをいただき、根気よくアドバイスをしてくださったゴマブックスの石川修一さん、鵜澤尚高さんへ。

出版にあたり快諾をいただきご協力いただいた粟田社長、恩田社長をはじめ、インタビューに応じてくださった皆様へ。

いつも影日向となって支えてくれる仲間や家族へ。

そして、本書を最後までお読みいただいた読者の皆様へ。

心から、心の底から感謝申し上げます。ありがとうございました。

これからも、瞳や汗、ただひたすらに打ち込む姿がキラキラと輝くこの世界で、どこまでも実直に、生きて、生きていきたいと思います。

小野　正誉

桜井和寿さんカバーバージョンの「糸」を聴きながら

二〇一九年八月吉日

●著者プロフィール
小野正誉（おの まさとも）

株式会社トリドールホールディングス 経営企画室 社長秘書・IR 担当。

神戸大学経済学部卒業後、大手企業に就職するも 1 年で退社。 その後、外食企業で店舗マネージャー、広報・PR 担当、経営企画室長、取締役などを歴任。

2011 年より「丸亀製麺」を展開する株式会社トリドールホールディングスに勤務。 転職してわずか 3 年で社長秘書に抜擢。 入社後 8 年の間、国内外に 1,700 店舗以上を展開する グローバルカンパニーに至るまでの成長の軌跡を間近に体験する。

近著『丸亀製麺はなぜ No.1 になれたのか？ 非効率の極め方と正しいムダのなくし方』（祥伝社）は、各メディアで取り上げられてベストセラーとなり、海外版も出版されている。

他、著書に『メモで未来を変える技術』（サンライズパブリッシング）がある。

1972 年奈良市生まれ。和歌山市育ち。

日本メンタルヘルス協会公認心理カウンセラー。

講演・セミナーのご依頼、お問い合わせは、こちらまで
mmmmoon7204@gmail.com

『丸亀製麺』で学んだ　超実直！

史上最高の自分のつくりかた

2019年10月10日　初版第1刷発行

著　　者／小野正誉
発 行 者／赤井　仁
発 行 所／ゴマブックス株式会社
〒107-0062
東京都港区南青山6丁目6番22号
印刷・製本／シナジーコミュニケーションズ株式会社

本文イラスト／鳥光芳樹
本文ＤＴＰ／関菜津子
カバーデザイン／久光梨英
編　　集／石川修一・鵜澤尚高

ISBN978-4-8149-2087-7

㈱ヤマハミュージックエンタテインメントホールディングス　出版許諾番号　19401P